고통을 통해
소망을 만나다

고통을 통해 소망을 만나다

지은이 | 이재훈
초판 발행 | 2021. 12. 22
등록번호 | 제1988-000080호
등록된 곳 | 서울특별시 용산구 서빙고로65길 38
발행처 | 사단법인 두란노서원
영업부 | 2078-3352 FAX | 080-749-3705
출판부 | 2078-3331

책값은 뒤표지에 있습니다.
ISBN 978-89-531-4123-0 03230

독자의 의견을 기다립니다.
tpress@duranno.com www.duranno.com

이재훈 지음

고린도후서 강해

고통을 통해 소망을 만나다

고난의 추운 겨울은
하나님이 계획하신 열매를
준비하는 기간입니다.

두란노

고통 가운데 더 뜨겁게 찾아오시는 소망의 하나님

예수 그리스도가 전한 하나님 나라의 복음은 사도 바울이라는 한 인물의 언어와 삶과 사역을 통해 구체적이고 체계적으로 제시되었다. 그는 자기가 삶에서 체험한 것들을 시대의 언어로 쉽게 풀어냄으로써 복음을 설명했다. 바울은 철저히 예수 그리스도의 복음만을 전했다. 바울에게는 "자신은 죽고 오직 그리스도만 나타나는" 비전만 있었을 뿐이다. 그런 바울의 인생을 통해 하나님은 복음의 특징들을 보여주셨다.

고린도는 복음의 씨앗을 뿌리기에 좋지 않은 땅이었다. 그러나 바울은 열여덟 달을 머무르며 그곳에 복음을 전했다. 바울이 고린도를 떠날 즈음 그곳에는 크고 활기찬 공동체가 형성되었다. 그러나 예수 그리스도의 교회에 언제나 닥치는 변질의 위기가 고린도교회에도 찾아왔다. 복음을 전하며 교회를 개척하고 성장할 때마다 겪는 성장통들이 있기 마련이지만, 고린도교회에서는 특히나 심한 고통이 뒤따랐다. 고통 속에 낳은 자녀가 기쁨만이 아니라 가슴 아픈 고통을 가져다주기도 하듯, 고린도교회는 바울에게 큰 아픔을 주었다.

그 정점은 바울의 사도적 권위에 대한 도전이었다. 복음의 통로가 되는 사역자들의 삶과 권위를 무너뜨리는 것이 사탄의 가장 중요한 전략이기 때문이다. 성령의 은사 문제와 공동체의 분열, 바울의 사도적 권위의 진위성 여부까지, 바울은 이 모든 상황을 감내하면서 인내와 사랑으로 그들을 대해야 했다.

바울은 극심한 고통 속에서도 소망을 포기하지 않았다. 오히려 더욱 분명한 소망을 발견했다. 모진 고통 가운데서 더욱 뜨겁게 찾아오시는 소망의 하나님을 만난 것이다. 하나님은 우리가 가장 연약할 때 가장 크신 능력을 체험하게 하신다. 바울은 어둡고 깊은 계곡 속에서 더욱 뚜렷한 하늘을 바라보았다.

온누리교회 담임목사로 취임한 직후 한 언론사와의

인터뷰에서 '지금 가장 생각나는 성경 구절은 무엇인가?' 하는 질문을 받은 적이 있다. 그때 떠올랐던 말씀이 고린도후서 12장 9-10절 말씀이었다. 바울이 육체의 가시를 고쳐달라고 하나님께 세 번이나 간구하였지만 하나님은 "내 은혜가 네게 족하도다 이는 내 능력이 약한 데서 온전하여짐이라"고 말씀하시며 바울을 약함 가운데 두셨다. 그리고 그 약함 가운데서 그리스도의 능력을 체험하게 하시며 바울이 "내가 약한 그때에 강함이라"는 고백을 하게 하셨다.

이 말씀이 떠오른 것은 고 하용조 목사님이 생각났기 때문이다. 하나님은 하 목사님의 고통을 통해서 온누리교회를 이끄셨다. 하 목사님의 고통과 온누리교회의 성장은 비례했다. 하 목사님이 아프신 만큼 교회는 성장하고 발전했다.

나는 교회 단상 계단을 오를 때마다 하 목사님이 생각난다. 서빙고와 양재 온누리교회 단상 양쪽 계단의 높이가 낮은 것은 계단 오르기가 힘드신 하 목사님을 배려해 만들었기 때문이다. 하 목사님은 육체의 고통과 연약함 속에서 목회를 하신 것이다.

고린도후서를 강해하면서 성도들과 함께 하 목사님을 생각했다. 고통을 통해 소망을 만난 분이시기 때문이다.

스스로 강점이라고 생각하는 부분이 하나님께는 사용하실 수 없는 약점일 수 있다. 때로는 고통을 통해 약해진 부분이 하나님이 능력을 베푸시는 통로가 되기도 한다. 이것이 고통의 신비다.

어느 청교도의 기도문이 기억난다. 고통스러운 계곡이 곧 비전의 자리가 된다는 구절이 마음 깊이 와 닿는다. 하 목사님은 누구보다 더 깊이 이 기도문에 공감하실 것이기에, 목사님을 대신하여 기도문을 소개한다. 아울러 사랑하고 존경하는 하 목사님의 소천 10주기를 기념하며 이 책을 바친다.

The Valley of Vision•

Lord, high and holy, meek and lowly,

Thou hast brought me to the valley of vision,

where I live in the depths but see Thee in the heights;

hemmed in by mountains of sin I behold Thy glory.

Let me learn by paradox

that the way down is the way up,

that to be low is to be high,

that the broken heart is the healed heart,

that the contrite spirit is the rejoicing spirit,

that the repenting soul is the victorious soul,

that to have nothing is to possess all,

that to bear the cross is to wear the crown,

that to give is to receive,

that the valley is the place of vision.

전망(展望)의 계곡

높고 거룩하시며 온유하고 겸손하신 주님,
당신은 저를 전망의 계곡으로 인도하셨습니다.
여기서 저는 깊음 안에 살면서 높은 곳에 계시는 당신을 봅니다.
죄의 산들에 둘러싸여 당신의 영광을 바라보나이다.
역설을 통해 배우게 하소서.
내려가는 길이 올라가는 길이며,
낮아지는 것이 높아지는 것이며,
깨어진 마음이 치유된 마음이며,
참회하는 영이 기뻐하는 영이며,
회개하는 영혼이 승리한 영혼이며,
아무것도 가지지 않은 것이 모든 것을 가진 것이며,
십자가를 지는 것이 왕관을 쓰는 것이며,
주는 것이 받는 것이며
계곡이 곧 전망대임을.

Lord, in the daytime stars can be seen from deepest wells,

and the deeper the wells the brighter Thy stars shine.

let me find Thy light in my darkness,

Thy life in my death,

Thy joy in my sorrow,

Thy grace in my sin,

Thy riches in my poverty,

Thy glory in my valley.

주님, 낮에는 가장 깊은 우물 속에서만 별들을 볼 수 있습니다.

우물이 깊으면 깊을수록 당신의 별들이 더 밝게 빛납니다.

당신의 빛을 나의 어둠에서 발견하게 하시며,

당신의 생명을 나의 죽음에서,

당신의 기쁨을 나의 슬픔에서,

당신의 은혜를 나의 죄악에서,

당신의 부요를 나의 궁핍에서,

당신의 영광을 나의 계곡에서 보게 하소서.

2021년 12월

이재훈

- 아서 베넷(Arthur Bennett)의 청교도 기도와 예배집《Banner of Truth Trust》에 실린 시다.

목차

Part 1

험한 인생 중에 넘치는 위로

고통을 지나 온 사람은 소망을 버리지 않는다

고린도후서 1:1-11

소망의 복음을 굳게 잡고 살았던 대표적 인물을 뽑으라고 한다면 단연코 사도 바울이다. 바울은 부활하신 예수님을 만나 이방인을 위한 사도로 부르심을 받아 아시아와 유럽을 여행하며 복음을 전했다. 바울이 체험한 복음의 능력과 사역 내용은 신약의 여러 서신으로 생생하게 기록되어 우리에게 전해졌다.

바울은 복음을 전하면서 많은 고난을 받았는데, 그중 특히 어려움을 경험했던 두 지역이 있다. 에베소와 고린도다.

바울이 이 두 도시에 많은 노력을 기울이며 집중한 것은 선교적으로 매우 중요한 곳이었기 때문이다. 그래서인지 이 두 지역은 영적 전쟁도 심했다. 하나의 예로 에베소에서는 복음의 말씀이 전해지자 바울의 사역을 반대하는 범 도시적인 폭동이 일어났다. 그곳에는 아시아 전역의 사람들이 숭배하는 아데미 신전이 있었고, 은세공업자 데메드리오는 은으로 아데미 여신의 모형을 만들어 직공들에게 적지 않은 벌이를 하게 했다. 그런데 점점 이들의 수입이 줄어들었다. 그러자 데메드리오는 그 이유를 바울이 복음을 전해 사람들의 마음을 돌려놓았기 때문이라고 말했고, 이 때문에 큰 소동이 일어난 것이다. 바울에게 이 도시는 더 이상 안전하지 않았다. 결국 바울은 이곳에 머물지 못하고 마게도냐로 떠났다.

바울이 고린도에서 겪은 고난은 좀 더 복잡하다. 에베소처럼 복음 사역에 반대하는 사람들 때문에 생긴 고난이 아니었다. 바울에 대한 비판과 거절로 인한 정신적, 심리적 고난이었다. 바울이 개척한 고린도교회에 외부에서 들어온 일부 사람들이 바울에 대하여 거짓되고 왜곡된 말들을 전했던 것이다. 성도들은 그들의 말에 동조했고, 믿음의 아버지인 바울을 공격했다. 이 일은 바울에게 매우 큰 고통을 안겨 주었다. 정신적, 심리적인 공격은 육체적, 물리적인 공격보다 더 큰 충격을 준다. 바울이 고린도교회 성도들로부터 받은 공격은 여러 가지인데, 그 모두를 종합해 보면 바울은 사도로서 자격이 없다는 것이다. 바울은 그들에게 복음을 전해 준 사도였다. 그런 그에게 사도로서 자격이 없다고 주장하는 성도들을 대하면서 바울은 얼마나 고통스러웠을까.

그러나 바울은 고린도교회 성도들에게 소망을 버리지 않았다. 깊은 고통을 겪으면서도 그들과 여러 번 편지를 주고받고 교회를 방문하면서 결국 관계를 회복하고 기뻐하며 감사했다. 고린도후서는 그러한 과정 속에서 기록된 책이다. 따라서 여기에는 바울의 내적인 갈등과 고통 그리고 그가 복음 안에서 어떤 소망을 가졌기에 모든 고난을 이길 수 있었는지에 대한 비밀이 담겨 있다.

네 번의 편지와
두 번의 방문

바울이 고린도교회와 주고받은 편지들을 중심으로 이

두 대상이 어떤 관계에 있었는지를 살펴보는 것은 앞으로 고린도후서 전체 말씀을 이해하는 데 중요한 배경이 된다.

고린도후서는 바울이 고린도교회에 보낸 네 번째 편지이다. 왜 고린도전서에 이은 두 번째 편지가 아니고 네 번째인가? 우리에게는 전해지지 않았지만 성경에 그 근거가 분명히 드러나는 바울의 다른 편지들이 있다.

바울의 첫 번째 편지

첫 번째 편지는 주후 53년 말에 보내졌다.

내가 너희에게 쓴 편지에 음행하는 자들을 사귀지 말라 하였거니와

고전 5:9

여기에서 언급하는 편지는 성경에 수록되지 않았고, 우리는 읽지 못한 것이다. 이 편지에서 바울은 고린도교회 성도에게 우상숭배하고 음행을 저지르고 탐욕을 부리고 약탈을 일삼는 사람과 교제하지 말라고 당부한다. 성도들은 이 편지를 오해했다. 믿음 없는 사람들과 교제하지 말라는 뜻이라고 생각한 것이다. 그러나 바울의 진짜 의도는 교회 밖이 아니라 교회 안에 있는 타락한 성도에 대한 경고와 권면이었다.

바울은 글로에의 집 사람들을 통해 이 편지에 대한 답장을 받았다.

> **내 형제들아 글로에의 집 편으로 너희에 대한 말이 내게 들리니 곧 너희 가운데 분쟁이 있다는 것이라** 고전 1:11

또한 스데바나와 그 일행이 에베소에 있던 바울에게 질문들을 가져왔다.

> **너희가 쓴 문제에 대하여 말하면** 고전 7:1a

고린도교회 성도들은 바울의 편지를 받은 후 결혼의 문제, 우상의 제물에 관한 문제, 은사들에 관한 문제들을 질문했다. 바울은 이 질문들에 대답하면서 고린도교회 안에 있는 분열과 성적 타락에 대하여 경고하는데, 그 내용을 담은 편지가 고린도전서이다.

바울의 두 번째 편지

고린도전서는 주후 54년 초에 바울이 고린도교회에 보낸 두 번째 편지다. 이 편지는 디모데가 전달했다. 에베소로 돌아온 디모데는 고린도교회 성도들이 외부인들의 말을 믿고 바울을 불신하게 되었다는 소식을 전했다. 고린도교회의 상황이 더 악화되었다는 소식을 듣고 바울은 곧바로 고린도로 향했다.

바울의 두 번째 고린도 방문

주후 54년 중반, 바울은 두 번째로 고린도를 방문했다. 주후 51년경 2차 전도여행 중 처음 고린도를 방문해 교회를 개척한 이후 두 번째 방문이었다. 에베소와 고린도는 배를 타고 건너면 바로 당도할 수 있는 가까운 곳이다. 바울은 이때 매우 고통스러운 상황들을 겪게 된다.

고린도교회에는 바울을 공개적으로 대적하며 말썽을 일으키는 사람이 있었다. 바울은 이와 맞서지 않고 대응을 자제했다. 그런데 바울이 더욱 크게 놀랐던 것은 이 사람이 바울을 비난하는데도 아무도 변호해 주는 사람이 없었다는 것이다. 교회 전체가 보여주는 바울에 대한 매우 노골적인 반

대로 그는 큰 눌림을 겪었다. 그렇지만 바울은 그들에게 보복하지 않았다. 수치를 뒤집어쓰고 조용히 떠나는 것이 최선이라고 결정하였다. 이 방문은 바울에게 매우 고통스럽고 다시는 되풀이하고 싶지 않은 경험이 되었다. 그런데 고린도교회 성도들은 이러한 바울의 인내와 침묵을 도리어 약하고 무능한 것으로 평가하고 그를 사도로서 자격이 없는 사람이라고 몰아세웠다.

바울의 세 번째 편지

바울은 두 번째 고린도 방문을 마치고 돌아와서 주후 54년 말, 제자 디도를 통해 세 번째 편지를 고린도로 보냈다. 고통의 눈물로 쓴 편지였다.

> **내가 마음에 큰 눌림과 걱정이 있어 많은 눈물로 너희에게 썼노니 이는 너희로 근심하게 하려 한 것이 아니요 오직 내가 너희를 향하여 넘치는 사랑이 있음을 너희로 알게 하려 함이라** 2:4

바울은 그 후 에베소를 떠나 드로아에서 잠시 사역을 펼쳤다. 그런데 제대로 사역을 펼치지 못하고 마게도냐(아마 데

살로니가)로 이동했다. 바울은 고린도교회에 대한 근심으로 드로아에서 디도를 만나기 원했지만 만나지 못했다.

> **내가 그리스도의 복음을 위하여 드로아에 이르매 주 안에서 문이 내게 열렸으되 내가 내 형제 디도를 만나지 못하므로 내 심령이 편하지 못하여 그들을 작별하고 마게도냐로 갔노라** 2:12-13

문이 열린 드로아에서 사역의 열매가 없었던 것은 바울의 마음이 편치 않았기 때문인데, 이는 고린도교회에 대한 근심이 가장 큰 원인이었던 것으로 보인다. 그리고 옮겨간 마게도냐에서 바울은 그곳 성도들이 겪고 있던 심한 환난을 함께 겪었다.

> **우리가 마게도냐에 이르렀을 때에도 우리 육체가 편하지 못하였고 사방으로 환난을 당하여 밖으로는 다툼이요 안으로는 두려움이었노라 그러나 낙심한 자들을 위로하시는 하나님이 디도가 옴으로 우리를 위로하셨으니** 7:5-6

바울은 마게도냐에서 사방으로 환난을 당하는 도중에

고린도에서 돌아온 디도를 만난다. 디도는 고린도교회 소식을 가지고 돌아왔는데, 바울에게는 이것이 환난 중 하나님께서 위로해 주신 사건이라고 고백한다.

바울의 네 번째 편지

바울은 세 번째로 보낸 고통과 눈물의 편지가 효과가 있었음을 확인했다. 고린도교회는 타락한 성도를 치리했고, 바울은 신뢰를 회복했다.

바울은 디도가 전해 준 소식에 마음의 큰 안도감과 기쁨을 얻었다. 이 마음을 담아 주후 55년 말-56년 초, 네 번째 편지를 써서 디도를 통해 고린도교회에 전달했다. 이 편지가 고린도후서다. 바울은 고린도후서에서 자신을 대적했던 타락한 성도를 용서함으로써 사랑을 나타낸다.

이러한 사람은 많은 사람에게서 벌 받는 것이 마땅하도다 그런즉 너희는 차라리 그를 용서하고 위로할 것이니 그가 너무 많은 근심에 잠길까 두려워하노라 그러므로 너희를 권하노니 사랑을 그들에게 나타내라 2:6-8

바울은 자신을 비난했던 거짓 사도들의 행동에 대응하고 고린도교회 성도들의 마음에 일어났던 의심과 불신과 오해를 푼다. 그리고 자신이 예수 그리스도의 복음을 전하기 위해 얼마나 큰 고난을 받았는지, 그리고 자신이 왜 분명 사도인지를 피력한다. 예루살렘교회를 위한 구제헌금 계획도 알린다. 후에 고린도교회도 이 구제헌금에 함께 참여한 것을 보면 바울과의 관계가 회복된 것을 알 수 있다.

바울의 세 번째 고린도 방문

주후 57년, 바울은 고린도를 세 번째 방문한다. 마게도냐 지방을 두루 다니며 성도들을 격려하다가 고린도에서 석 달 동안 머물렀는데, 이때 로마서를 쓴 것으로 보고 있다. 그가 고린도에 머무는 동안 이런 깊이 있는 서신을 쓸 수 있었던 것은 마음에 평안이 찾아왔다는 증거이기도 하다. 고린도교회와의 일들로 다쳤던 마음을 다 치유하고 평안한 가운데 로마교회를 품고 기도하게 된 것이다.

고난이 있기에 하나님의 위로가 있다

고린도후서는 바울이 네 번의 편지를 쓰고 세 번의 방문을 하기까지 고린도교회와의 힘겨운 여정에서 자신의 속내를 여과 없이 털어놓은 서신이다. 바울은 자신의 삶과 신앙의 정당성, 진정성을 변호한다. 그리고 자신은 오직 예수 그리스도의 복음 안에만 믿음과 소망을 두고 있음을 고백한다. 또한 바울은 자신의 약함을 그대로 드러낸다. 그 약함 속에서 능력으로 임하신 예수 그리스도의 임재를 증거한다.

고린도후서는 1년 전 같은 교회에 보냈던 고린도전서와 뚜렷한 차이가 있다. 고린도전서에서는 다양한 문제들을 다루며 매우 활력이 넘치는 것을 느낄 수 있다. 그러나 고린도후서에서는 어둠과 고통이라는 터널을 지나고 난 뒤 깨달은 깊은 신앙고백을 차분하게 나누고 있다. 장황할 정도로 했던 말을 또 하는 것처럼 느껴지기도 한다. 살 소망까지 끊어지는 절망을 겪은 후에 그 어두운 터널을 빠져나오면서 자신을 되돌아보는 차분함이 느껴진다.

바울은 고린도후서에서 두 번째 회심과 같은 자신의 깊은 변화를 고백한다. 처음 회심 후 예수님을 믿고 증거했지만 더 깊은 그분의 임재를 경험한 것이다.

첫째, 바울은 고난 속에서 넘치는 하나님의 위로를 경험하였다.

> 찬송하리로다 그는 우리 주 예수 그리스도의 하나님이시요 자비의 아버지시요 모든 위로의 하나님이시며 우리의 모든 환난 중에서 우리를 위로하사 우리로 하여금 하나님께 받는 위로로써 모든 환난 중에 있는 자들을 능히 위로하게 하시는 이시로다 그리스도의 고난이 우리에게 넘친 것같이 우리가 받는 위로도 그리스도로 말미암아 넘치는도다 우리가 환난당하는 것도 너희가 위로와 구원을 받게 하려는 것이요 우리가 위로를 받는 것도 너희가 위로를 받게 하려는 것이니 이 위로가 너희 속에 역사하여 우리가 받는 것 같은 고난을 너희도 견디게 하느니라 1:3-6

바울은 어떤 사도나 성도들보다 더욱 심한 고난을 받았다. 그런데 그러한 고난이 자신에게 유익을 주었다고 고백한다. 그 첫 번째 유익이 하나님의 넘치는 위로를 경험한 것이다. 바울은 이 짧은 구절에서 위로라는 단어를 아홉 번이나 반복한다.

5절에서 바울은 자신이 받은 고난을 "그리스도의 고난"이라고 고백한다. 그 이유는 그리스도를 전하면서 받아야 했던 고난이기 때문이다. 그가 고난을 당한 이유는 그리스도의 증인, 즉 사도로 살았기 때문이다. 그랬기에 위로 또한 그리스도를 통해서 넘쳤음을 고백한다.

바울은 이 고난을 통해 하나님을 새롭게 만난다. 그러면서 "위로의 하나님"을 말한다. 주 예수 그리스도의 아버지, 자비의 아버지이신 하나님이 위로의 하나님이심을 경험한 것이다. 우리는 고난 자체를 주시지 않는 것이 하나님의 자비라고 생각한다. 하지만 하나님의 자비는 고난보다 더 넘치는 위로이다.

고난을 통해 하나님의 위로를 경험하는 삶과 아무 고난 없이 하나님의 위로도 경험해 보지 못하는 삶, 둘 중 어느 쪽을 택하겠는가. 하나님의 위로는 몰라도 되니 고난이 없는 쪽을 원하는가? 그렇다면 하나님의 위로가 얼마나 크고 놀라운 것인지 한 번도 경험하지 못해서 그럴 것이다. 하나님의 위로를 경험하면 고난이 두렵지 않다.

하나님이 인격적으로 성도들을 위로하시기 위해서는 자신을 낮추셔야 한다. 저 높은 하늘에서 말씀만 하시는 것은 위로가 아니다. 아주 가까이 곁에 있어야 가능하다. 하나님은 우리를 위로하시기 위해 우리에게 가까이 내려오셨다. 그래서 '위로'는 헬라어로 '파라클레시스'로서 보혜사 성령님을 가리킬 때 쓰는 '파라클레토스'와 어근이 같다. 늘 곁에 있어 돌보는 분이 보혜사 성령님이시고 성령님의 주요 사역이 위로이다. 성령님은 위로자이시다.

성령님은 우리 안에서 역사하시며 우리가 하나님께 받은 위로로 고난당하는 다른 이들을 위로하는 자가 되게 하신다. 즉 내가 경험한 고난은 누군가의 위로자가 되게 하시는 하나님의 뜻이다.

어느 인도의 원주민 여인이 두 아들을 먼저 떠나보내고 슬픔에 빠져 있었다. 그 여인은 계속해서, "제게 두 아들이 있었는데 모두 내 곁을 떠나고 말았어요"라는 말을 반복했다. 그 지역에서 사역하는 선교사가 힘내라고 권면하였지만 아무 소용이 없었다. 어느 날 선교사가 원주민들 사이에서 흰옷을 입고 사역하는 한 여인을 가리키며 이렇게 말했다.

"저기 저 여인이 보이죠? 그녀도 당신처럼 두 아들을 잃었답니다."

이 말을 들은 여인은 그길로 흰옷을 입은 선교사에게 달

려갔다. 그러고는 "선교사님도 두 아들을 잃으셨나요?" 하고 물었다. 선교사는 그 여인의 손을 잡고 말했다.

"저도 둘뿐인 아들을 다 잃었답니다. 그러나 지금 그들은 예수님과 함께 있습니다. 또 예수님은 나와 함께 있기도 하십니다. 그러니 우리는 곧 다시 만날 것입니다."

그 이후부터 원주민 여인은 선교사 곁을 떠나지 않고 따라다니며 말씀을 배우고 위로를 받으며 영적으로 자라 갔다. 상실의 고난을 받은 선교사는 많은 원주민들의 위로자가 되는 하나님의 통로가 되었다.

아들을 사고로 잃은 기독교철학자 니콜라스 월터스토프(Nicholas Paul Wolterstorff)는 《나는 사랑하는 사람을 잃었습니다》에서 이렇게 말했다.

"나는 눈물을 통해서 세상을 볼 것이다. 그러면 마른 눈으로는 볼 수 없는 것들을 보게 되리라."

고난이 있기에 하나님께만 소망을 둔다

둘째, 바울은 고난을 통해 굳건한 소망을 경험하였다.

너희를 위한 우리의 소망이 견고함은 너희가 고난에 참여하는 자가 된 것 같이 위로에도 그러할 줄을 앎이라 형제들아 우리가 아시아에서 당한 환난을 너희가 모르기를 원하지 아니하노니 힘에 겹도록 심한 고난을 당하여 살 소망까지 끊어지고 우리는 우리 자신이 사형선고를 받은 줄 알았으니 이는 우리로 자기를 의지하지 말고 오직 죽은 자를 다시 살리시는 하나님만 의지하게 하심이라 그가 이같이 큰 사망에서 우리를 건지셨고 또 건지실 것이며 이후에도 건지시기를 그에게 바라노라 1:7-10

바울은 살 소망까지 끊어질 지경을 경험했다. 마음에 사형선고를 내려야 할 정도였다. 그것은 '아시아에서 당한 환난' 때문이었다. 그 사건이 어떤 것이었는지는 여러 가능성이 있지만 확실히는 알지 못한다. 다만 바울이 아시아에서 가장 많이 활동한 곳이 에베소이므로, 에베소에서 겪은 고난이라고 보는 주장이 다수이다.

그렇다면 과연 바울을 살 소망까지 끊어질 만큼 괴롭게 한 사건은 무엇이었을까? 이것에 대해 여러 가지 가능성이 제기된다.

첫째, 바울은 에베소 극장에서 데메드리오에 의해 일어

난 폭동으로 어려움을 겪었다(행 19장). 그러나 에베소 시청 서기관이 나와서 고소할 일이 있으면 법정에 가서 하라면서 집회를 해산하였기에 살 소망까지 끊어질 정도는 아니었을 것이다.

둘째, 고린도전서 15장 32절에서는 "내가 사람의 방법으로 에베소에서 맹수와 더불어 싸웠다면 내게 무슨 유익이 있으리요"라는 말이 나온다. 과연 바울이 에베소에서 맹수와 싸웠다는 것일까. 로마 시민권자인 바울은 맹수와 싸우도록 노예처럼 경기장에 던져질 가능성이 없다. 이 구절에서 "맹수"는 자신을 늘 핍박했던 대적들에 대한 은유로 보인다.

셋째, 바울은 에베소에서 옥에 갇힌 바 있다. 톰 라이트(Nicholas Thomas Wright)는 이때 바울이 목숨이 위태로울 수 있는 재판을 받았을 것이라고 주장한다. 이는 바울은 빌레몬에게 "나를 위하여 숙소를 마련하라"(몬 1:22)고 요청하였고, 빌레몬은 에베소에서 내륙으로 200킬로미터 떨어진 골로새에 살았다는 것을 근거로 한다. 그래서 바울이 옥중에 있었기에 풀려나서 빌레몬을 방문하기를 원했다는 것이다.

혹은 바울이 드로아로 가는 도중 질병의 고난을 당한 것이나, 고린도교회 성도들로부터 비방과 의심을 받은 것일 수도 있다. 바울은 그리스도의 복음을 위한 고난은 참을 수 있었다. 배고픔과 목마름, 매를 맞고 옥에 갇히는 등 수많은 고난에 대하여 그는 소명을 품고 인내하며 이겨 냈다. 그런데 고린도교회 성도들의 집요한 비방과 대적은 바울의 마음을 괴롭게 하고 심히 아프게 하였다. 따라서 그가 살 소망까지 끊어질 만큼 괴로웠다고 한 사건은 고린도교회 성도들로 인한 마음의 절망을 의미할 수도 있다고 본다. 이 모든 고난이 합쳐져서 마음에 큰 우울과 절망이 왔을 것이다.

어쨌든 바울은 마음에 사형선고를 내려야 했다. 바울은 이 고난을 통해 스스로를 의지하는 것이 악한 것임을 깨달았다. 바울은 그리스도의 복음을 전하면서 받는 고난을 기쁘게 감당했지만 여전히 스스로를 의지하려는 마음이 있었다는 사실을 깨달았다. 고난을 통해 자신을 의지하지 않게 되었다는 것은 자신을 의지하는 부분이 있었다는 반증이다.

바울만큼 복음과 하나님나라를 위해 헌신한 사람이 있을까? 바울처럼 성령으로 충만한 사람이 있을까? 그러나 그런 그에게도 여전히 자신을 괴롭히는 것이 있었다. 스스로를 의지하려는 성향이었다. 하나님이 고난을 주시는 목적은 스스로를 의지하려는 우리의 마지막 교만까지 다 꺾으시기 위함이다. 이때 사람이 고통스러운 것은 자신을 지탱하던 교만이 꺾이기 때문이다.

바울이 마음에 사형선고를 내린 것은 자신을 의지하는 것에 대한 사형선고였다. 그렇게 되기까지 그에게 고난이 있었다. 곧 죽을 것 같은 사람은 더 이상 자신을 의지할 수 없다. 세상의 어떤 것도 더는 자신에게 유익이 되지 않는다는 사실을 깨달을 때 우리는 비로소 치료된다. 그래서 바울에게 고난은 쓰지만 매우 효과적인 약이 되었던 것이다.

바울은 더는 자신을 의지하지 않고 하나님만 의지하며, 그분이 건져 주실 것을 소망하였다. 바울이 이렇게 미래를 소망할 수 있는 이유는 과거에도 죽음에서 건져 주신 하나님을 경험했기 때문이다. 10절에서 "큰 사망"이란 죄에 따르는 우리의 죽음이다. 과거에 큰 죽음 가운데 있었던 자신을 건져 주신 하나님이 지금 직면한 고난 가운데서도 건져 주실 것을 믿고 소망하는 것이다. 과거에 나를 구원하신 하나님이 미래에도 구원하실 것을 바라보는 것이다.

바울이 고난 속에서 새롭게 경험한 하나님은 소망의 하나님이다.

소망의 하나님이 모든 기쁨과 평강을 믿음 안에서 너희에게 충만하게 하사 성령의 능력으로 소망이 넘치게 하시기를 원하노라

롬 15:13

바울은 고난 속에서 소망의 하나님을 경험하였기에 고린도교회 성도들에 대한 소망을 버리지 않을 수 있었다. 소망의 하나님이 나를 버리지 않으시는데 내가 다른 이들을 내버릴 수 있는가. 그래서 바울은 7절에서 "너희를 위한 우리의 소망이 견고"하다고 고백했다. 소망의 하나님을 만난 사람은 다른 이들에 대한 소망을 포기하지 않는다.

바울은 고난 속에서 위로의 하나님, 소망의 하나님을 경험하였다. 지나온 고난보다 더 넘치는 하나님의 위로를 경험하였고, 한치 앞 미래도 보이지 않는 상황에서도 하나님이 주시는 소망을 품게 되었다. 도무지 변할 것 같지 않은 사람들, 마음에 끊임없는 근심을 가져다주는 사람들에 대하여도 굳건한 소망을 품게 되었다.

살 소망이 끊어질 때에야 비로소 승리한다

고린도후서 2:12-17

어떤 나라의 나무들은 잘 자라지만 열매를 맺지 못한다고 한다. 그곳에 겨울이 없기 때문이다. 겨울이 없으면 맺히지 않는 열매가 있다. 고난의 추운 겨울은 고통스럽지만 하나님이 계획하신 열매를 준비하는 기간이다. 우리가 깨닫지 못하는 선하신 손길을 발견하는 시기이다.

18세기 찬송 작가이자 시인 윌리엄 쿠퍼(William Cowper)의 시는 절망을 소망으로 바꾸는 하나님의 신비로운 역사를 고백한다.

하나님은 기적을 행하기 위해
신비로운 길로 움직이신다
그는 바다에 발을 놓으시고
폭풍 위에 올라타신다

결코 그르침이 없는 솜씨로 이룩한
무한한 보고寶庫 속 깊이
찬란한 계획을 쌓아 두시며
높은 뜻을 이루신다

두려워하는 성도들이여, 새로운 용기를 가지라
그대들이 그토록 두려워하는 구름들이지만
자비로 가득 차 있고
언젠가는 흩어져 그대들에게 축복을 내려 주리니

연약한 감각으로 주를 판단하지 말라
그분이 은혜 주실 것을 믿으라
언짢은 섭리 뒤에
미소 짓는 얼굴을 숨기시도다

그분의 목적은 빠르게 이루어지리라
매 시간 펼쳐지리라
싹은 쓰디쓰지만
그 꽃은 달콤하리라

맹목적인 불신은 정녕 잘못된 것
그의 솜씨를 헛되게 살핀 것이니라
하나님은 그 나름의 해석자
그것을 뚜렷하게 풀어 주시리라

- 윌리엄 쿠퍼, '주 하나님 크신 능력'

쿠퍼가 이처럼 깊이 있는 찬송시를 작사할 수 있었던 것은 병마로 깊은 고통을 겪었기 때문이다. 그는 여섯 살 무렵 어머니가 돌아가신 후 젊은 시절부터 깊은 우울증과 정신 쇠약으로 하루하루를 절망과 싸워야 했다. 그러나 쿠퍼에게 정신적인 질병으로 극심한 절망이 임했을 때 고통 속에 있는 영혼들을 위한 음악의 열매가 맺혔다.

공교롭게도 당시 쿠퍼의 목회자는 존 뉴턴(John Newton)이었는데, 그도 여섯 살에 어머니를 잃은 아픔을 겪은 사람이었다. 그렇기에 쿠퍼의 아픔들을 잘 이해해 주었다. 뉴턴은 15년 동안 쿠퍼의 목회자이자 상담자, 친구로 동행해 주었고, 둘은 함께 주옥 같은 찬송가를 많이 만들었다.

고난을 통한 열매에는 역설이 숨어 있다. 우리가 무엇인가 큰일을 할 수 있다고 자만하면 하나님은 그것을 보잘것없게 만드신다. 우리가 작고 연약하다고 고백하면 하나님은 그것을 크게 만드신다. 아이를 낳을 수 없었던 사라가 약속의 자녀를 낳았고, 기드온의 300용사가 미디안의 10만 군대를 물리쳤다. 목동 다윗은 물맷돌로 거인 골리앗을 쓰러트렸고, 처녀가 하나님의 아들을 잉태하였다. 하나님은 인간이 스스로 자랑하고 의지하는 것을 끊으심으로 당신의 계획하신 열매를 맺으신다.

주의 포로가 되는 것이 진정한 승리다

바울에게는 항상 고난이 함께했다. 그리스도의 고난, 곧 그리스도를 전하기 때문에 감당해야 했던 고난이다. 바울은 그 고난을 기쁘게 감당했고 그리스도의 복음의 능력을 보여

주었다.

그렇다고 바울이 그 고난들을 감당할 때 전혀 마음의 고통을 느끼지 못했거나 무감각했던 것은 아니다. 고린도후서에 나타난 그의 고백들은 매우 진솔하다. 깊은 근심과 고통이 각 장마다 조각조각 나타난다. 고린도후서는 바울의 그런 마음을 끌어내 모은 서신이다.

그는 복음과 함께 고난받으면서 살 소망까지 끊어질 지경이었다고 고백한다(1:8). 그러나 복음의 능력을 의지하여 십자가에서의 죽음을 선포함으로 도리어 하나님이 건져 주실 것을 소망하게 되었다(1:10). 살 소망까지 끊어질 지경에서 하나님을 소망하는 역설을 경험한 것이다. 이뿐만이 아니다. 바울은 4장에서 사방으로 욱여쌈을 당하고, 답답한 일을 당하고, 박해를 받고, 거꾸러뜨림을 당하는 상황에서도 "우리가 잠시 받는 환난의 경한 것이 지극히 크고 영원한 영광의 중한 것을 우리에게 이루게 함이니"(17절)라고 고백하면서 소망을 놓지 않는다. 12장에서는 육체의 가시, 곧 사탄의 사자를 통하여 고통 속에 있었지만, 그로 인하여 약한 데서 온전해지는 그리스도의 능력을 체험했다.

2장에서도 동일한 패턴이 반복된다. 바울은 에베소를 떠나 드로아를 거쳐 마게도냐까지 갔지만 마음이 매우 불편하였다.

내가 그리스도의 복음을 위하여 드로아에 이르매 주 안에서 문이 내게 열렸으되 내가 내 형제 디도를 만나지 못하므로 내 심령이 편하지 못하여 그들을 작별하고 마게도냐로 갔노라 2:12-13

바울은 고린도전서를 써서 보낸 후 디모데를 통해 교회의 상황이 더 악화되었다는 소식을 듣고 곧바로 고린도를 방문하였다. 이 '고통스러운 방문'(두 번째 방문)에서 바울은 고린도교회 안에 그를 대적시하는 무리들의 큰 저항을 겪으며 엄청난 마음의 충격을 얻게 된다. 바울은 함께 맞서 싸우지 않고 절제하며 돌아왔지만 도리어 무능하고 약하기 짝이 없는 무자격자라는 비난을 받았고, 그러면서 '눈물의 편지'(세 번째 편지)를 써 디도를 통해 보냈다.

내가 마음에 큰 눌림과 걱정이 있어 많은 눈물로 너희에게 썼노니 이는 너희로 근심하게 하려 한 것이 아니요 오직 내가 너희를 향하여 넘치는 사랑이 있음을 너희로 알게 하려 함이라 2:4

바울은 그후 드로아에 복음 전도의 문이 열려서 에베소를 떠나 잠시 사역을 펼쳤다. 그런데 고린도교회에 대한 마음의 염려 때문에 열매 있는 사역을 펼치지 못하고 마게도냐(아마 데살로니가)로 옮겨 간다. 바울은 고린도교회에 대한 소식을 가져올 디도를 드로아에서 만나기를 원했지만 만나지 못하고 마게도냐로 옮겨 그곳에서 성도들과 함께 환난을 경험한다.

에베소에서 드로아로, 드로아에서 마게도냐로 옮기는 모든 여정에서 바울은 마음이 편치 않았다. 그는 자신이 얼마나 낙심했는지 솔직하게 고백한다. 그는 앞서 고린도교회를 두 차례 방문하면서 그곳 성도들로부터 사도의 자격을 인정받지 못하고 모함과 비난을 받았다. 그의 마음은 낙심과 고통으로 가득했고, 그탓에 드로아에서의 사역을 제대로 펼치지 못했다. 그런데 바울은 그리스도 안에서 또 다시 역전을 고백한다.

항상 우리를 그리스도 안에서 이기게 하시고 우리로 말미암아 각처에서 그리스도를 아는 냄새를 나타내시는 하나님께 감사하노라

2:14

하나님이 우리를 그리스도 안에서 "이기게" 하신다고 말한다. 여기에서 '이기게 하신다'라는 표현이 중요하다. 이 표현은 '승리의 개선 행진에서 인도하신다'는 의미이다. 당시 로마 군사들은 중요한 전투에서 승리했을 때 거리를 통과하는 공개적인 개선 행진을 하였다. 로마에 있는 티투스 개선문에는 주후 70년 티투스가 예루살렘을 정복하고 돌아와 개선 행진한 모습을 부조로 새겼다. 이때 개선 행진의 일행은 앞서가는 장군의 뒤를 따른다. 바울은 바로 이 모습을 묘사한 것이다.

윌리엄 바클레이(William Barclay)는 바울이 독자들에게 그려 주고 있는 로마의 개선 행진 모습을 이렇게 설명한다.

"승리한 장군의 개선 행진은 다음과 같은 순서로 로마의 거리를 지나 주피터 신전이 있던 카피톨리누스 언덕으로 향했다. 맨 앞에서는 주 행정관과 원로원이 섰다. 그다음에는 나팔수들이 섰고, 그 뒤로는 점령지에서 가져온 전리품들을 든 사람들이 따라갔다. … 그다음에는 사로잡힌 군주들, 지도자들, 장군들이 사슬에 묶여 걸어갔다. … 그 뒤에는 행정관들, 곤봉을 든 관리들이 있었고, 수금을 든 악사들이 그 뒤를 따랐다. 그다음에 제사장들이 향기로운 향이 타고 있는 향로를 흔들면서 갔다. 그다음에 사두마차 위에 서 있는 개선장군이 나타났다. 그의 뒤에는 가족이 타고 있었고, 마지막으로 온갖 장식을 한 군대가 '이오 트리움페'(Io triumphe)라는 승리의 구호를 외치며 따라갔다"

바울은 이 개선 행진에 자신이 일원으로 참가하고 있다고 말하고 있다. 과연 이 일행 중에서 바울은 어떤 모습으로 참가하고 있는 것일까. 승리한 장군은 분명 예수 그리스도이시다. 그러면 그는 장군의 뒤를 따르는 우쭐해하는 군사의 모습인가? 경건한 학자들은 바울이 자신을 '포로로 잡힌 종'의 모습으로 그리고 있다고 해석한다. 그리스도께서 사령관으로 오셔서 사탄의 종으로 살아가던 자신을 구하시고 포로로 이끌고 가신다고 본 것이다. 누구의 포로가 되는가가 우리의 운명을 결정한다. 악한 장군의 포로인가, 선한 장군의 포로인가?

그러므로 바울이 고백한 이 승리는 십자군이 주창한 승리주의가 아니다. 소위 '기독교적 승리주의'라고 말하는 승리주의가 아니다. 콘스탄티누스 황제가 군사들의 방패에 그리스도의 헬라어 이름의 첫 두 글자를 십자가 모양으로 새겨 놓았기 때문에 전쟁에서 가장 위대한 승리를 얻었다고 믿는 승리주의가 아니다. 중세에는 높이 치솟은 예배당과 마을에서 가장 크고 호화로운 장식의 건물이 기독교의 승리를 보여 준다고 믿었다. 식민지 시대에는 영토를 확장하고 문화적 우월성에 빠져 있는 것을 승리라고 믿었다.

그러나 바울은 고린도후서를 통하여 반승리주의적인 표현으로 승리를 설명한다. 승리의 개선 행진에 참여하지만 그리스도의 포로된 종으로, 때로 살 소망까지 끊어지는 연약한 자로, 약하며 어리석은 자로 자신을 표현한다. 실패와 절망이 도무지 무엇인지 모르는 승리자가 아니라, 그리스도의 승리의 전리품과 포로로 자신을 표현하며 그 가운데 이끄시는 분이 승리하신 그리스도이심을 높이고 있는 것이다. 나는 비록 약하지만 나를 지금 이끌고 있는 분이 승리하신 그리스도이기에 이 행진만 따라가면 나는 항상 이긴다는 것을 믿고 감사하는 것이 진정한 승리의 확신이다.

어느 집이든
주인의 향기가 나는 법이다

이 행진의 중요한 흔적은 승리한 길을 따라 향을 태우는 것이다. 이는 승리를 기념하여 후각적으로도 기억하도록 만드는 의식의 일부이다. 그래서 바울은 14절 후반부에 "우리로 말미암아 각처에서 그리스도를 아는 냄새를 나타내시는 하나님께 감사하노라"라고 고백했다. 승리의 개선 행렬이 지나는 곳마다 이 향이 태워져서 승리의 냄새로 기억될 것이다. 바울은 이러한 냄새를 적용하여 자신의 소명을 설명한다. 즉 자신은 사도로 부르심 받아 하나님 앞에 선 그리스도의 향기라는 것이다.

우리는 구원 받는 자들에게나 망하는 자들에게나 하나님 앞에서 그리스도의 향기니 2:15

바울은 자신을 '그리스도의 향기'로 부름을 받았다고 표현한다. 사도는 자신의 향기를 내는 사람이 아니다. 그리스도의 향기를 내야 한다. 그러려면 자신은 죽고 자신 안에 그리스도가 온전히 사셔야 한다. 내가 주인이 되고 예수님이 손님이 되어서는 그리스도의 향기가 날 수 없다. 어느 집이든 그곳에는 오래 산 주인의 냄새가 나는 법이다. 내 안에 누가 오래 살아 있는가에 따라서 그 주인의 냄새가 난다.

구약에 익숙한 바울은 레위기의 제사 제도에 나타난 향기를 기억하며 이 단어를 사용하였을 것이다. 레위기 제사들 가운데 불로 태우는 제사인 번제, 소제, 화목제를 '여호와께서 기뻐하시는 향기로운 제사'라고 표현하였다. 바울이 자기 자신을 그리스도의 향기라고 표현한 것은 자신의 삶을 태워 번제, 소제, 화목제로 드리겠다는 것이다.

나머지 두 제사인 속죄제와 속건제에는 향기라는 단어가 사용되지 않았다. 두 제사는 의무적으로 드리는 것이고, 앞의 세 제사는 자발적으로 드리는 제사이기 때문이다. 진정한 향기는 강제와 의무감이 아니라 자발적인 헌신으로 드릴 때 발생하는 것이다.

바울은 빌립보서에서 빌립보교회 성도들의 헌금에 대하여 레위기에서 사용하는 이 향기로운 제물이라는 단어를 사용하였다.

내게는 모든 것이 있고 또 풍부한지라 에바브로디도 편에 너희가 준 것을 받으므로 내가 풍족하니 이는 받으실 만한 향기로운 제물이요 하나님을 기쁘시게 한 것이라 빌 4:18

바울의 재정 원칙은 자비량이었다. 그래서 그는 장막 사업을 통해 생활비와 선교비를 충당했다. 이는 복음 전도에 장애가 없게 하려는 것이다. 그런데 빌립보교회 성도들의 헌금만은 받았다. 이는 빌립보교회 성도들이 가난하고 궁핍한 상황 속에서도 복음 선교 사역에 헌신하였고, 자발적이고 기쁜 마음으로 헌신하는 헌금이었기 때문이다. 그래서 그들의 헌금에 대하여 '향기로운 제물'이라는 표현을 사용한 것이다.

바울은 자신이 승리하신 그리스도의 개선 행렬에 이끌려 가는 포로였고, 동시에 자원함과 기쁨으로 걸어가는 그리스도의 향기라는 분명한 신앙고백이 있었다. 그랬기에 고린도교회로부터 받는 오해와 비난 그리고 대적 가운데에도 소명을 지킬 수 있었다.

그리스도의 향기인가,
죽음의 냄새인가

바울은 그리스도의 향기가 어떤 이에게는 향기이나 또 어떤 사람에게는 죽음의 냄새가 된다고 했다.

이 사람에게는 사망으로부터 사망에 이르는 냄새요 저 사람에게는 생명으로부터 생명에 이르는 냄새라 누가 이 일을 감당하리요 2:16

이 표현은 고린도전서 1장 18절을 연상시킨다.

십자가의 도가 멸망하는 자들에게는 미련한 것이요 구원을 받는 우리에게는 하나님의 능력이라

복음을 전하는 일은 생명과 죽음을 구분하는 일이다. 어떤 이들은 그리스도의 향기를 통해서 생명을 택하여 승리의 행진을 따라온다. 그러나 어떤 이들은 그것을 거부하고 죽음을 택한다. 빛이 어둠에 비추었을 때 그 빛으로 나아오는 생물들이 있고 빛을 피하여 어둠 속으로 도망하는 생물들이 있는 것처럼 말이다.

죽음의 냄새란 그리스도의 향기가 죽음으로 이끄는 냄새가 된다는 것이 아니다. 그 향기를 따라 그리스도의 생명의 행진에 참여하지 않고 거부하는 것은 곧 죽음에 처한다는 의미다.

그러므로 바울의 고백은 겸손하면서도 매우 무서운 고백이다. 자신은 분명 그리스도의 승리의 행진에 참여하고 있고 그 냄새가 그리스도의 향기가 되어 지금 자신의 여정에 흘러가고 있는데, 이 향기를 따라오지 않는다면 그것은 곧 죽음에 이르게 되는 것이라는 뜻이다. 그래서 바울은 "누가 이 일을 감당하리요" 하고 되물었다. 이것은 그리스도의 부르심을 직접 받고 그분을 주인의 자리에 모시고 동행하는 사도만이 감당할 수 있는 일이라는 것이다. 아울러 자신은 바로 그리스도의 향기를 전하는 사도가 틀림없다는 변호이다. 그런 자신에게 나타나는 그리스도의 향기를 따라 승리 행진에 참여하지 않고 의심하고 대적한다면 그것이 곧 죽음에 이르는 냄새가 될 것이라는 경고다.

바울은 마음의 큰 고통 속에서 도리어 그리스도 안에서의 승리를 경험하였다. 그것은 자신이 그리스도의 향기로서의 소명을 지키는 승리이다. 승리하신 그리스도의 포로된 종으로서 제물로 자신을 온전히 헌신하고 있기 때문에 누리는 승리이다. 그래서 그는 절망적인 상황에서 절망하지 않았고 소망으로 승리할 수 있었다.

우리에게도 이러한 승리가 필요하다. 세상적인 승리주

의, 십자군의 승리주의가 아니라, 승리하신 그리스도의 포로된 자로서의 승리이다. 연약한 자로서 경험하는 능력의 승리이다. 때로 살 소망까지 끊어질 지경에 이르는 약한 자로서 경험하는 소망의 승리이다.

사람의 추천인가 하나님의 부르심인가

고린도후서 3:1-6

참된 신앙은 하나님을 알아 가며 동시에 자신을 알아 가는 여행이다. 장 칼뱅은《기독교강요》제1장에서 하나님을 아는 지식과 나를 아는 지식은 갖가지 끈으로 서로 연결되어 있어서 그중 어느 것이 먼저 오며 어느 것이 결과로 따라오는지 분별하기 쉽지 않다고 하였다. 분명한 것은 먼저 하나님의 얼굴을 바라보고 나서 자기 자신을 살피지 않고서는 절대로 자신에 대한 명확한 지식을 얻을 수 없다는 것이다. 또한 자기 자신을 바라보는 것이 하나님을 바라보는 것으로 연결되어야 한다는 것이다.

자신을 어떤 태도로 바라보는가는 하나님께 대한 참된 신앙의 시금석이다. 세상에는 자신에 대한 과도한 확신을 가진 사람들이 있다. 모든 일에 내 판단이 가장 옳고 나를 통하여 세상은 더 나은 곳으로 변화할 수 있다고 확신한다. 역사는 이러한 확신이 무모한 생각이라는 것을 증명한다. 정반대로 자신의 어떤 노력도 쓸모없고 별 도움이 되지 않을 것이라고 생각하는 자기 거부(self-rejection) 또한 무모한 생각이다. 쓸모없는 것은 자신에 대하여 불신하는 병적인 자아비판이다. 자기를 혐오하는 것도 일종의 자아를 특별대우하는 것이다. 과도한 자기 확신만큼이나 자기 거부와 혐오도 잘못된 자기 사랑이다.

우리는 자아를 두 가지 방법으로 다루어야 한다. 한편으로는 하나님의 피조물이며 사랑하고 기뻐해야 할 대상으로 다루는 것이다. 지금은 가증스러운 상태이지만 치유와 회복의 대상이기 때문이다. "네 이웃을 네 자신같이 사랑하라"고 명령하신 것처럼 자아 역시 사랑해야 할 대상이다. 독생자 예수님이 십자가에서 희생되시기까지 소중한 대상으로 다루어야 한다.

또 한편으로는 자아를 미워하다 못해 아주 죽여야 하는 대상으로 다루는 것이다. 조지 맥도널드(George MacDonald)의 표현대로 "결코 잠시의 유예도 허락하지 말고 영원히 사멸시켜야" 한다. 예수님이 십자가에서 죽으심으로 죄에 대하여 죽은 자가 되어 '나는 날마다 죽노라'고 고백하는 것이다. 이 자아의 죽음이 없이는 죄에 대하여 죽은 자로서의 능력이 나타나지 않는다.

사람의 추천서 대신
부르심의 증거를 보이다

복음 안에서 자아를 다루고 있는지 아니면 자기 확신이나 자기 거부에 빠져 있는지 알 수 있는 계기가 있다. 그것은 누군가로부터 부당하게 공격받을 때이다. 누군가 자신에 대하여 거짓된 판단으로 왜곡하면 우리 자아는 옛 습성으로 반응할 수 있다. 사랑받고 기뻐해야 할 자아를 거부하고 도리어 혐오할 수 있고 영원히 사멸해야 할 자아가 고개를 들고 꿈틀거리면서 자신의 존재를 나타낼 수 있다. 다른 사람과의 갈등 또한 중요한 시험대이다. 갈등을 통해 자아를 복음 안에서 다루고 있는가, 아니면 옛 자아의 영향력에 의해 그대로 움직이고 있는가를 검증할 수 있다.

바울 역시 그러한 위기 속에 있었다. 고린도교회 성도들로부터 받은 도전은 바울의 사도적 자격에 대한 것이었다. 고린도교회 안에 들어온 거짓된 사람들은 바울을 당시 관습에 따른 추천서도 없는 무자격자라고 모함하였다. 당시에는 사람의 자격을 판단할 때 평판 있는 사람의 추천서를 사용하였다. 오늘날에도 추천서가 요구되기는 하지만 그보다 더 중요한 것은 본인의 능력이다. 그러나 당시에는 여러 가지 검증할 수 있는 시스템이 없는 사회이다 보니 본인의 능력보다 추천서가 더 중요한 문화였던 것 같다. 이러한 문화가 초대교회 순회 전도자들에게도 사용되었던 것이다. 1세기 순회 전도자들이 의지할 수 있었던 것은 틀림없이 예루살렘 교회 지도자들의 추천서였을 것이다.

고린도교회에 침투한 거짓 교사들은 그러한 추천서를 이용하여 사람들의 신뢰를 사면서 역으로 바울의 권위와 자격을 공격하였다. 고린도교회 성도들은 바울이 자신들의 교회에서 사역을 하려면 공신력 있는 추천서를 가지고 자격을 증명해야 한다고 주장한 것이다. 심지어 그의 인격까지 의

심했다. 바울이 고린도교회 방문 계획을 변경한 것을 두고 그의 인격을 믿을 수 없다고 폄하했던 것이다.

안타깝게도 바울에게는 성도들이 원하는 추천서가 없었다. 그의 신임을 대신 증명해 보여 줄 문서 같은 것이 없었다. 바울의 유일한 변론은 자신은 부활하신 주님으로부터 직접 이방인의 사도로 부르심을 받았으며, 그 증거는 복음을 전하면서 받았던 고난뿐이라는 것이다.

바울이 직접 개척한 교회에서 스스로를 변호하는 것은 매우 어리석어 보인다. 그러나 고린도교회 성도들이 거짓의 무리에 휩쓸려서 헤어나오지 못하고 있었기 때문에 바울은 어쩔 수 없이 자신을 변호해야만 했다. 바울은 고린도후서 뒷부분에서 자신을 변호하는 것은 어리석은 일이지만 불가피하게 해야 할 수밖에 없음을 안타깝게 여기면서 그 이유를 다시 기록하고 있다. 바울은 자신에게 추천서가 왜 필요 없는지, 왜 스스로 추천할 필요가 없을 뿐만 아니라, 다른 사람들의 추천서도 왜 필요하지 않은지에 대해 변호한다.

첫째, 고린도교회 성도들이 곧 그리스도의 편지(추천서)이기 때문이다. 바울은 고린도교회 성도들이 주장하고 요구한 종류의 추천서는 없지만 자신에게는 또 다른 종류의 추천서가 있다고 변호한다. 그것은 고린도교회 성도들 자체가 추천서라는 것이다.

> **너희는 우리의 편지라 우리 마음에 썼고 뭇 사람이 알고 읽는 바라 너희는 우리로 말미암아 나타난 그리스도의 편지니 이는 먹으로 쓴 것이 아니요 오직 살아 계신 하나님의 영으로 쓴 것이며 또 돌판에 쓴 것이 아니요 오직 육의 마음판에 쓴 것이라** 3:2-3

고린도교회 성도들은 바울의 편지이면서 동시에 그리스도의 편지라고 했다. 먼저 고린도교회 성도들은 바울의 마음에 깊이 새겨진 편지이다. 마음에 기록된 추천서이기에 더는 주고 받을 필요가 없는 것이다.

이러한 바울의 답변은 매우 감동적이다. 그는 문서로서의 추천서를 계속해서 요구하는 그들에게 "당신들이 원하는 추천서는 내가 얼마든지 받을 수 있습니다. 내가 그까짓 추천서 한 장 예루살렘교회에서 못 받아 올 사람으로 보입니까?" 하면서 흥분하며 말하지 않았다. 도리어 고린도교회 성도들의 머리를 꽝 때리는 말씀을 한다.

"추천서를 원하십니까? 그대들이 나의 마음에 기록된 추

천서입니다."

한 단계 더 나아가서 그들은 바울의 편지일 뿐만 아니라 "그리스도의 편지"라고 말한다. '그리스도의'라고 할 때의 속격은 주격적 속격으로 그리스도께서 직접 쓰셨다는 의미이다. 바울이 고린도인들을 상대로 목회하지 않았다면 그들은 그러한 편지가 될 수 없었을 것이다. 바울이 그리스도의 종으로 사역했기에 고린도인들은 그리스도의 편지가 될 수 있었다.

그리스도의 편지는
마음에 기록되었다

바울의 자격을 증명하는 추천서는 종이가 아니다. 고린도교회 성도들 자신이며, 동시에 그들은 그리스도의 편지이다. 어떻게 고린도교회 성도들 안에 이 그리스도의 편지가 쓰였는가?

첫째, 살아 계신 하나님의 영으로 기록되었다. 바울의 확신은 하나님의 영, 성령께서 그들 가운데 역사하고 계신다는 것에 기초한 것이다. 고린도교회 교인 중 일부는 범죄자들과 부도덕한 사람들이었다. 영의 역사가 강하여 은사의 문제가 발생하기도 하였다. 그런 고린도에서 복음이 전해져 믿는 이들이 생기고 교회가 생겨난 것은 성령의 강력한 역사였다. 우상과 음란의 도시 고린도에서 복음 전도의 열매가 나타난 것은 살아 계신 하나님의 영의 역사가 아니고는 일어날 수 없기 때문이다. 이처럼 영적 사역자의 자격은 스펙(spec)이 아니라 스피릿(sprit)이다. 살아 계신 하나님의 영에 얼마나 사로잡히는가가 자격이다.

둘째, 바울의 섬김을 통해 기록되었다. 성령의 역사는 바울이 종의 마음으로 행하는 섬김을 통해 나타났다. 하나님의 영이 역사하시는 통로는 섬김이다. 그렇기에 영적 사역자의 자격은 타이틀(title)이 아니라 타월(towel)이다. 예수님처럼 종의 마음을 가지고 얼마나 수건을 두르고 섬기는가에 사역자의 자격이 정해진다. 예수님은 세상에 오셔서 십자가 사건 하나로 구원을 끝내신 것이 아니라 그 십자가에 이르기까지 섬기셨다. 성육신을 역사 속에서 준비하셨고 마침내 이 땅에 오셔서 자신을 낮추고 섬기셨다. 하나님의 독생자 예수님은 섬기는 종으로서 하나님의 영이 역사하시는 통로가 되셨다.

셋째, 육체의 마음판에 기록되었다. 하나님의 영의 역사의 밭은 지식이 아니라 마음이다. 마음은 인격의 중심이다. 모세의 언약은 돌비에 새겨졌다. 돌비에 새겨진 문자들은 참된 진리의 지식일 뿐이다. 지식은 참된 것이라 할지라도 마음을 변화시킬 수 없다. 사람들에게 요구는 하지만 마음이 왜곡된 사람들은 그 지식을 실행할 능력이 없다. 그러나 하나님의 영의 역사는 마음에 임하여 변화를 일으킨다.

그가 또한 우리를 새 언약의 일꾼 되기에 만족하게 하셨으니 율법 조문으로 하지 아니하고 오직 영으로 함이니 율법 조문은 죽이는 것이요 영은 살리는 것이니라 3:6

예수 그리스도의 십자가와 성령의 역사는 우리의 마음을 움직여 죽은 영을 다시 살리는 새 창조를 이룬다. 하나님의 영의 역사로 변화된 성도들은 그리스도의 편지가 되어 또 다른 사람들에게 성령의 통로가 된다.

하나님의 추천서가 있었기에

바울은 흔들리지 않았다

바울이 스스로 추천할 필요가 없을 뿐만 아니라, 다른 사람의 추천서도 필요 없다고 설명하는 두 번째 이유는, 자신의 자격은 오직 하나님께로부터 나온 것이라는 확신이 있었기 때문이다.

바울은 복음 안에서 거하고 있는 성도로서, 또한 그리스도의 복음을 전하며 고난받는 사도로서 십자가 아래서 자신의 자아를 다루는 법을 알고 있는 사람이다. 이러한 상황에서 바울은 자신에 대하여 어떤 태도를 가지고 있는가?

우리가 무슨 일이든지 우리에게서 난 것 같이 스스로 만족할 것이 아니니 우리의 만족은 오직 하나님으로부터 나느니라 3:5

바울은 고린도교회 성도들로부터 도전과 공격을 받자 혹 자신이 지나친 자기 확신에 취해 있지는 않았는지 스스로를 돌아보았을 것이다. 그러한 자기 성찰 가운데 그는 자신 안에 있는 올바른 확신에 이르게 된다. 그것은 복음 전하는 일이 사도를 자칭하고 스스로 자격을 부여하며 시작한

일이 아니라는 것이다. 스스로 하고 싶어 하게 된 일도 아니고, 자신이 다른 사람보다 더 탁월한 능력을 가지고 있어서도 아니다. 더군다나 자신은 스스로의 능력을 의지하면서 이 일을 하지 않았다.

자신이 현명하지 않다는 사실을 아는 사람이 진정 현명한 사람인 것처럼, 스스로 자격이 없다고 생각하는 사람이 진정 자격 있는 사람이다. 그는 자신의 자격은 어떤 사람의 추천이 아니라 오직 하나님의 부르심으로부터 오는 것임을 확신했다. 바울의 확신은 하나님께로부터 왔으며 하나님을 향하고 있다. 바울은 자신과 자신이 행한 모든 것을 하나님 앞에 내어놓았다.

하나님의 부르심을 따라 움직이는 사람은 사람들의 칭찬이나 혹은 모함에 흔들리지 않는다. 누구의 말도 듣지 않는 고집불통의 사람이라는 뜻이 아니라, 하나님의 부르심을 흔들림 없이 붙잡고 나간다는 뜻이다.

하나님의 부르심을 따라 일하는 사람은 자신이 하는 모든 일을 하나님의 이름으로 정당화하지 않는다. 도리어 자신의 일을 하나님 앞에서 살피고 또 살핀다. 옳은 일을 한다고 하면서 상황을 정당화하는 것은 부르심이 아니다. 그것은 사람의 평가를 더 의식한 결과다.

하나님의 부르심을 따르는 사람은 바울처럼 엄격한 자기 성찰을 시행한다. 고린도후서는 바울이 자신만 옳고 대적자는 다 틀렸다고 외치는 내용이 아니다. 고린도후서에는 대적자들에 대한 비난이나 정죄가 거의 나오지 않고 바울 자신의 약함과 낙심이 솔직하게 드러난다. 그 솔직한 고백 속에서 자신의 자격은 사람의 추천이 아니라 하나님의 부르심임을 드러내고 있는 것이다.

우리가 그리스도로 말미암아 하나님을 향하여 이같은 확신이 있으니 3:4

여기에서 주목할 표현은 "그리스도로 말미암아"와 "하나님을 향하여"이다. 바울은 하나님을 향한, 그리스도로부터 말미암은 확신이 있었던 것이다. 확신이란 다른 말로 하면 충분하여 차고 넘친다는 것이다. 바울에게는 하나님으로부터 차고 넘치는 믿음이 있었다. 이 믿음은 바울 스스로 만든 것이 아니다. 예수 그리스도를 통해 얻게 된 확신이다.

자신이 만든 스스로에 대한 확신은 언젠가 무너진다. 그

러나 예수 그리스도에게서 온 하나님께 대한 확신은 결코 무너지지 않는다. 그것은 어떤 절망도 무너뜨릴 수 없다. 그래서 바울은 5절에서 "우리의 만족은 오직 하나님으로부터 나느니라"라고 고백했다. 이 부분을 ESV 성경은 "Our sufficiency is from God"이라고 번역했다.

바울은 하나님께로부터 오는 넘치는 충분함으로 엄청난 압박을 이겨 낼 수 있었다. 그가 가는 길이 사람의 추천이 아닌 하나님의 부르심이었기 때문이다.

영원한 영광을 바라볼 때 자유를 누린다

고린도후서 3:7-18

이 시대 악의 특징은 하나님을 가볍게 취급하는 것이다. 예수님을 믿는 사람들조차도 하나님의 말씀을 세상 뉴스보다도 더 가볍게 취급하고, 하나님과의 만남을 사람과의 만남보다 가볍게 여긴다. 그러나 하나님은 "영광의 하나님"(행 7:2)이시다.

'영광'을 뜻하는 히브리어 단어 '카보드'는 '무거운'이란 뜻의 '카베드'에서 유래했다. '무겁다'라는 단어가 '영예', '중요함', '비중'을 가리키는 단어로 사용되다가 영광이라는 단어로 발전한 것이다. 하나님은 존재하는 모든 것 중에서 가장 중요하신 분이다. 참된 믿음의 삶에는 하나님의 무게와 중요성이 느껴진다.

헬라어에서 '영광'을 뜻하는 단어 '독사'는, '찬양'이라고도 번역된다. 히브리어 '카보드'와 헬라어 '독사'를 합하면 하나님의 중하고 엄위하신 뜻에 대한 찬양이 된다.

하나님은 '영광스러운 창조주'이시다.

하늘이 하나님의 영광을 선포하고 궁창이 그의 손으로 하신 일을 나타내는도다 시 19:1

하나님은 존재 그 자체로 영광스러운 분이지만 창조를 통해서 영광을 선포하셨다. 하나님의 영광은 '예수 그리스도'에서 최고로 나타난다.

이는 하나님의 영광의 광채시요 그 본체의 형상이시라 히 1:3a

예수님께서 우리를 십자가로 구속하심으로 하나님의 영광을 나타내셨고, 장차 이 땅에 다시 오실 때 그 능력과 영광

을 나타내실 것이다.

하나님의 영광이 드러나는 삶을 살고 있는가

인간은 죄를 짓고 타락했을 때 하나님의 영광을 잃어버렸다.

모든 사람이 죄를 범하였으매 하나님의 영광에 이르지 못하더니 롬 3:23

본래 인간은 하나님의 영광을 나타내야 하는 존재다. 그러나 타락 이후 하나님의 영광을 가리는 존재가 되었다. 인간은 본능적으로 우리 삶에 '영광의 무거움'이 더해져야 함을 안다. 그래서 우리는 소유, 명예, 권력 같은 것으로 그 영광을 대체하려고 한다. 하나님의 영광의 무거움을 다른 것으로 대체하려고 하는 것이다.

사탄이 사람들에게서 절대로 숨기려 하는 것은 예수님의 영광이 드러나는 복음의 빛이다.

그 중에 이 세상의 신이 믿지 아니하는 자들의 마음을 혼미하게 하여 그리스도의 영광의 복음의 광채가 비치지 못하게 함이니 그리스도는 하나님의 형상이니라 4:4

예수님은 십자가의 죽음과 부활을 통해 하나님의 영광을 드러내셨다. 예수님이 십자가를 지시기 전 드리신 대제사장의 기도(요 17장)에서도 십자가를 지는 사건이 자신을 영광스럽게 하는 순간이라 고백하셨고 하나님을 영광스럽게 하기를 간구하셨다. 또한 자신을 통하여 나타난 하나님의 영광을 그들이 보기를 기도하셨다.

아버지여 내게 주신 자도 나 있는 곳에 나와 함께 있어 아버지께서 창세 전부터 나를 사랑하시므로 내게 주신 나의 영광을 그들로 보게 하시기를 원하옵나이다 요 17:24

예수님의 이 기도는 지금도 드려지고 있고 응답되고 있다. 바울은 이 기도의 응답으로 그리스도의 영광을 보았고 그 영광에 사로잡혔으며 모든 고난을 감당하였다.

모든 것을 그리스도를 통해 바라보는가

바울은 고린도교회 교인들로부터 무자격자라고 공격받는 상황에서도 그리스도의 영광을 바라보았다. 바울이 영광이라는 단어를 사용한 것은 구약에 뿌리를 둔 것이다. 바울은 자신의 자격이 사람의 추천이 아니라 하나님의 부르심임을 믿었으며, 그 부르심의 영광을 바라보았다. 고린도 교인들에게 스스로를 변호하며 자신의 자격은 오직 하나님께로부터 난 것일 뿐만 아니라, 자신은 영광스러운 직분을 수행하고 있음을 고백했다.

바울은 3장과 4장에서 영광이라는 단어를 열일곱 번이나 사용하며 강조한다. 이 단어를 구절마다 사용한 것은 모세가 받은 직분과 자신의 부르심을 대조하기 위해서이다. 이는 바울을 모함하였던 거짓 교사들이 유대인으로서 아직도 율법에 얽매여 있는 이들이었기 때문이다. 그들은 아직 구약, 즉 옛 언약이 예수 그리스도 안에서 어떻게 성취되었는지 몰랐다. 그들은 십자가 복음을 온전히 깨닫지 못했고 새 언약의 축복과 능력 속에서 섬기고 있는 바울을 오해했던 것이다.

바울은 구약을 무시하거나 모세가 받은 직분의 가치를 깎아내리지 않았다. 그 직분도 영광스러운 것이었음을 밝힌다. 그러나 자신이 받은 직분은 더욱더 영광스러움을 밝히고 있다. 한때 영광스러웠던 것이 더 큰 영광이 나타남으로 더 이상 영광스럽지 못하게 된 것이다. 옛 언약은 문자를 통해 죽음과 정죄를 가져다줄 뿐이었지만, 새 언약은 성령을 통해 의와 생명을 가져다주었다.

구약(옛 언약) : 모세	**신약**(새 언약) : 그리스도 안에서 바울
문자의 직분(3:7)	영의 직분(3:8)
정죄의 직분(3:9)	의의 직분(3:9)
사라져 버릴 영광(3:11)	영원한 영광(3:11)

돌에 써서 새긴 죽게 하는 율법 조문의 직분도 영광이 있어 이스라엘 자손들은 모세의 얼굴의 없어질 영광 때문에도 그 얼굴을 주목하지 못하였거든 하물며 영의 직분은 더욱 영광이 있지 아니하겠느냐 정죄의 직분도 영광이 있은즉 의의 직분은 영광이 더욱 넘치리라… 없어질 것도 영광으로 말미암았은즉 길이 있을 것은 더욱 영광 가운데 있느니라 3:7-9, 11

옛 언약의 전달자로 부름받은 모세의 직분도 영광스러운 것이었다. 그 증거로 모세가 율법을 받을 때 일어난 사건을 통해 설명한다. 모세가 시내산에 올라가서 여호와 하나님의 말씀을 듣고 증거판 두 개를 받고 내려올 때 얼굴에 광채가 났다. 그의 얼굴에 광채가 나는 것을 보고 백성들은 두려워 모세에게 가까이 가지 못했다. 모세는 백성들이 자신을 두려워하는 것을 보고 얼굴에 수건을 썼다. 하나님 앞에 나아갈 때까지 쓰고 있다가 하나님 앞에 나아갈 때는 수건을 벗었다(출 34:29-35).

바울은 모세가 자신의 얼굴에서 나는 광채 때문에 수건을 쓰는 것을 주목하여 현재 구약에 사로잡혀 새 언약의 축복을 바라보지 못하는 사람들을 교훈하였다.

우리는 모세가 이스라엘 자손들에게 장차 없어질 것의 결국을 주목하지 못하게 하려고 수건을 그 얼굴에 쓴 것 같이 아니하노라 그러나 그들의 마음이 완고하여 오늘까지도 구약을 읽을 때에 그 수건이 벗겨지지 아니하고 있으니 그 수건은 그리스도 안에서 없어질 것이라 오늘까지 모세의 글을 읽을 때에 수건이 그 마음을 덮었도다 3:13-15

모세가 처음 얼굴에 수건을 쓴 이유는 백성들이 광채를 두려워했기 때문이다. 그런데 광채가 사라진 후에도 계속 수건을 쓴 이유에 대하여 바울은 "장차 없어질 것의 결국을 주목하지 못하게 하려고"라고 해석한다. 이는 광채가 사라지는 것을 백성들이 주목하지 못하게 하기 위해서라는 것이다.

여기에 대해서는 두 가지 해석이 있다. 첫째는, 부정적인 해석이다. 이렇게 해석사는 이들은 모세가 얼굴에 광채가 사라졌음에도 불구하고 계속해서 백성들에게 광채가 있는 것처럼 보이기를 원하여 수건을 썼다고 말한다. 모세 자신에게 영광이 계속 존속하는 것처럼 보이기를 원하는 마음이 작동했다는 것이다. 둘째는 긍정적인 해석이다. 이렇게 해석하는 이들은 이스라엘 백성들이 마음이 완고하여 하나님을 불신하는 죄가 많았기 때문에 모세의 얼굴에 광채가 사라진 것을 보면 그를 통해 주신 율법에 대한 경외심을 잃어버릴 수 있기 때문에 수건을 썼다고 말한다. 율법은 예수 그리스도의 복음이 나타날 때까지 하나님의 계시로써 존속되어야 하기 때문이라는 것이다. 그렇다면 모세가 수건을 쓴 것은 일종의 예언적이고 상징적인 행위가 된다. 이 두 가지 해석

은 서로 상이하지만 근본적으로 일치하는 것은 모세의 얼굴에 나타난 영광의 광채는 일시적이었고, 그 수건도 일시적이었으며, 이 수건은 그리스도 안에서 벗겨질 것이라는 점이다.

바울은 예수 그리스도께서 오셨음에도 아직도 모세처럼 수건을 쓰고 있는 사람들이 있다고 지적한다. 바울은 모세의 수건을 은유적으로 해석하여 자신을 공격하는 사람들과 복음을 깨닫지 못한 사람들에게 적용한다. 수건이 덮인 마음으로 성경을 읽고 있다는 것이다.

오늘까지 모세의 글을 읽을 때에 수건이 그 마음을 덮었도다 그러나 언제든지 주께로 돌아가면 그 수건이 벗겨지리라 3:15-16

바울은 모세가 얼굴의 광채를 감추기 위해 썼던 수건은 일시적이고 벗겨져야 할 것인데도 여전히 이것을 고집하고 있다면 어리석은 것이라고 말한다. 아직도 모세의 글을 읽으면서 수건을 쓰고 있는 사람들에게 어리석다고 말한 것이다.

바울은 모세의 얼굴을 덮었던 수건을 성경을 읽는 이들

의 마음을 덮어 깨닫지 못하게 하는 것으로 적용하고 있다. 여기서 수건은 예수 그리스도를 통해 이루실 하나님의 구원 계획을 사람들이 깨닫지 못하게 만드는 잘못된 세계관이나 사고 체계를 의미한다. 율법을 지킴으로 의로워질 수 있다고 믿는 율법주의는 당연히 수건이다. 시대의 문화적 배경을 고려하지 않는 문자주의도 수건이다. 성경 전체의 문맥을 고려하지 않고 한 구절만으로 해석하는 것도 수건이다. 무엇보다 말씀을 예수 그리스도 중심으로 해석하지 않는 것이 수건이다.

구약의 모든 말씀은 예수 그리스도를 가리키고 있으니 그리스도 안에서 읽을 때 모든 수건이 벗겨진다. 그런데 예수 그리스도를 바라보지 않고 모세의 글을 읽으면 여전히 수건이 마음을 덮고 있는 것이다. 수건에 덮여 있기 때문에 그들은 바울을 오해하고 불신했다. 여전히 문자의 직분, 정죄의 직분, 사라질 영광만을 바라봤다. 예수 그리스도께서 죽음에서 부활하셔서 성령으로 임하여 계심에도 그리스도를 바라보지 못했다.

그러나 주께로 돌아갈 때 성령께서 수건을 벗는 자유를 누리게 하신다.

주는 영이시니 주의 영이 계신 곳에는 자유가 있느니라 우리가 다 수건을 벗은 얼굴로 거울을 보는 것 같이 주의 영광을 보매 그와 같은 형상으로 변화하여 영광에서 영광에 이르니 곧 주의 영으로 말미암음이니라 3:17-18

바울은 수건을 벗을 수 있는 길을 제시한다. 그것은 주께로 돌아가는 것이다. 그리스도의 영광을 바라보는 것이다. 그럴 때 성령께서 율법으로부터 자유케 하심을 경험하게 될 것이다. 수건을 쓰고 주의 영광을 바라보려고 할 때에는 희미하여 잘 보이지 않지만, 수건을 벗고 주의 영광을 바라보면 그와 같은 영광스러운 형상으로 변화한다. 주의 영이신 성령님께서 그 영광을 더욱더 영광스럽게 변화시키실 것이다. 모세가 경험한 것처럼 사라지고 없어지는 영광이 아니라 영광에서 영광으로 이어지는 영원한 영광이다.

빌립보서 3장 21절에 의하면 하나님은 우리의 낮은 몸을 그분의 영광의 몸의 형체와 같이 변하게 하신다고 말한다. 바울은 이러한 영광에 이르는 소망이 있었다.

우리가 이 같은 소망이 있으므로 담대히 말하노니 3:12

영원한 영광에 대한 소망이 있는가. 이 땅에서 담대함이 없는 것은 이 영광에 대한 소망이 없기 때문이다. 영광에서 영광에 이르게 될 소망이 없기 때문이다. 소망의 복음을 굳게 잡지 않고 있기 때문이다.

바울이 고린도에서부터 날아온 고통스러운 화살들을 견디고 승리할 수 있었던 것은 이 영광에 대한 소망을 굳게 잡았기 때문이다. 날마다 주께로 돌아가 수건을 벗는 마음으로 하나님의 말씀을 대하기 바란다. 주의 영이 계신 곳에는 자유가 있으므로 주의 영으로 충만함을 입어 날마다 영광의 자유에 이르게 되기를 소망한다.

Part 2

죽음의 고통 중에
빛나는 영광

어둠을 밝히는 그리스도인으로 산다는 것

고린도후서 4:1-6

교회에 대한 부정적인 여론들이 많이 일어나고 있다. 불미스러운 사건들에 기독교인들이 연루되어 뉴스에 보도되고, 이로써 교회에 대한 세상의 신뢰가 추락하고 있다. 이런 현상을 보면 교회는 세상의 소망이 되지 못하는 것이 아닐까 하는 생각까지 든다.

교회는 이러한 상황에서도 사람들에게 예수님을 믿으라고 말하며 복음을 전할 수 있는가? 우리나라를 넘어서 해외에까지 복음을 전하는 선교를 해야 한다고 말할 수 있는가?

교회는 복음 전도가 여전히 가장 소중한 일이라고 확신할 수 있는가? 바울의 표현처럼, 교회는 스스로를 추천할 수 있는가?

대답은 '그렇다'는 것이다. 교회가 뻔뻔해서가 아니다. 그렇다면 어떤 이유로 이런 상황 속에서도 교회가 스스로를 추천할 수 있다고 말하는 것인가?

교회는 선행을 할 때만 세상의 소망이 되는 것이 아니다. 선행이 필요 없다거나 중요하지 않다는 뜻으로 오해하지 않기를 바란다. 교회는 사회에서 선한 행실을 보이고 희생적으로 영혼을 섬겨야 한다. 그러나 교회가 지금껏 존재해 온 것은 선한 행실 때문이 아니다. 도리어 교회는 역사 속에서 수많은 과오를 저질렀다. 십자군 전쟁은 잘못된 신앙으로 역사를 혼란에 빠뜨린 대표적인 사례이다. 유럽에서 신대륙으로 건너간 청교도들도 순수한 신앙을 추구한다고 하면서 그 이면에 인디언들에 대한 부당한 핍박과 율법적인 제도로 끔찍한 일들을 저질렀다. 또한 역사적으로 수많은 이단 사이비들이 교회로부터 발생하여 사회를 어지럽혔다.

이렇게 많은 문제가 있었음에도 교회는 역사 속에서 왜 사라지지 않았는가? 그런데도 교회가 역사적으로 존속하는

이유는 무엇인가? 그것은 절대 진리가 존재하며, 그것은 살아 있는 진리이기 때문이다. 때로 교회는 그 진리를 믿는다고 고백하기 때문에 도리어 욕을 먹는다. 진리와 삶의 차이가 클수록 세상으로부터 비난받는 것이다. 그렇다고 진리를 믿지 않을 수 있는가? 이런 접근은 어리석다. 분명한 진리를 어떻게 믿지 않고 고백하지 않을 수 있는가?

어떤 사람은 이단이 있기 때문에 교회가 고백하는 진리를 믿을 수 없다고 말한다. 그러나 명품이 있다면 소위 짝퉁은 생기게 마련이다. 가짜 제품이 극성인 이유는 진짜 제품이 그만큼 가치 있다는 반증이다. 교회는 일부 성도들의 비행 때문에 공격받을 수 있지만, 진리는 결코 불변하며 무너지지 않는다.

진리는 낙심 가운데서 우리를 건진다

바울은 매우 낙심할 수 있는 상황에 처해 있었다. 자신이 복음을 전하여 세운 교회 성도들로부터 무자격자라는 비난을 받았을 뿐 아니라 거짓 사도라는 공격까지 받지 않았는

가. 그러나 바울은 낙심하지 않았다. 우리는 그가 낙심하지 않은 이유를 발견하여 각자의 상황에도 적용해야 한다.

바울은 자신이 낙심하지 않은 두 가지 이유를 말한다. 첫째, 그가 받은 직분(ministry)때문이다.

그러므로 우리가 이 직분을 받아 긍휼하심을 입은 대로 낙심하지 아니하고 4:1

여기에서 낙심은 열정이나 힘이 빠지는 정도가 아니라 아예 포기하는 것을 뜻한다. 바울은 수없이 포기하고 싶은 유혹을 받았을지도 모른다.

온누리교회 선교사님 중 한 분이 아내가 암 수술을 받은 직후에 어린 자녀까지 중환자실에 들어가는 상황 속에서 선교사로서의 좁은 길을 포기하고 싶었다는 솔직한 고백을 한 적이 있다. 그러나 그분은 흔들림 없이 선교사의 직분을 지켜 냈다.

바울도 모진 고난과 위험 속에서 낙심하며 포기하고 싶은 생각이 들었을 것이다. 그러나 그때마다 그를 지탱해 준 것은 하나님의 자비하심을 힘입은 직분이 있었기 때문이다.

바울은 자신이 받은 복음 전파의 직분이 스스로 자격을 부여하여 만들어진 것이 아니라 하나님의 자비하심으로 세워진 것이기에 낙심하지 않았다.

교회는 개개인이 얼마나 의롭고 자비로운가에 기초해 세워진 공동체가 아니다. 하나님의 자비하심으로 세워진 공동체이다. 그러므로 누군가가 우리에게 당신들은 믿는 대로 살지 못하는 위선자라고 공격하면 이렇게 대답해야 한다.

"그렇습니다. 우리는 믿는 대로 살지 못하는 위선자입니다. 그러나 우리는 오직 하나님의 자비하심으로 성도로 부름받은 사람들입니다."

둘째, 바울은 자신의 순수함(purity) 때문에 낙심하지 않았다. 바울은 하나님 앞에서와 모든 사람의 양심에 자신을 추천할 정도로 순수하다는 것을 고백한다. 자신은 하늘을 우러러 한 점 부끄럼이 없다는 것이다.

이에 숨은 부끄러움의 일을 버리고 속임으로 행하지 아니하며 하나님의 말씀을 혼잡하게 하지 아니하고 오직 진리를 나타냄으로 하나님 앞에서 각 사람의 양심에 대하여 스스로 추천하노라 4:2

우리를 낙심하게 하는 것은 어려운 상황이나 반대자들이 아니다. 스스로 순수하지 못한, 수치스러운 일들을 행하기 때문이다. 순수하지 않은 사람들은 어려운 상황을 이겨내지 못하고 무너진다.

그래서 우리는 바울이 말한 것처럼 내면에 숨겨진 수치스러운 일들이 있다면 버려야 한다. 간교하게 행하지 말아야 한다. 하나님의 말씀을 혼탁하게 하지 말아야 한다. 이기적인 욕망을 하나님의 말씀으로 포장해서는 안 된다. 말씀을 혼탁하게 하여 진리가 나타나지 못하게 하는 것은 매우 큰 죄이다.

이런 이유들로 바울은 낙심하지 않고 받은 직분에 충실할 수 있었다. 그 직분은 하나님의 진리를 나타내는 것이다. 곧 복음을 전파하는 것이다. 이 같은 사실이 바울을 지탱해 주었다. 그가 전파하는 복음이 낙심을 극복하게 해준 것이다.

혼란한 상황 속에서 교회가 붙잡을 것은 열심이나 선행이 아니다. 교회의 문제가 진리를 잠시 가릴 수는 있어도 무너뜨릴 수는 없다. 하나님의 진리는 여전히 살아 있고, 교회는 하나님의 진리를 나타내야 한다.

진리의 빛이 내 마음을 비추었는가

바울은 교회가 복음을 전파하는 것은 어둠에 빛을 비추시는 하나님의 창조 역사와 같이 새 창조의 역사라고 설명한다. 이 빛은 예수 그리스도의 복음을 통해 비추어지는 것이다. 예수 그리스도의 복음이 전해지는 것은 어둠 속에 빛이 비추어지는 것이다.

세상에는 복음의 빛을 비추지 못하게 하는 세력과 흐름이 있다. 4절과 6절이 서로 대조하여 이를 설명하고 있다.

> **그중에 이 세상의 신이 믿지 아니하는 자들의 마음을 혼미하게 하여 그리스도의 영광의 복음의 광채가 비치지 못하게 함이니 그리스도는 하나님의 형상이니라… 어두운 데에 빛이 비치라 말씀하셨던 그 하나님께서 예수 그리스도의 얼굴에 있는 하나님의 영광을 아는 빛을 우리 마음에 비추셨느니라** 4:4, 6

여기에서는 세상의 신과 하나님이 행하시는 대조적인 일을 비교하여 설명한다. 이것을 표로 정리하면 다음과 같다.

신(god) : 4절	**하나님**(God) : 6절
이 세상의 (of this age)	어두운 데에 빛이 비치라 말씀하셨던 (of creation)
믿지 아니하는 자들의 마음	우리의 마음
그리스도의 영광의 복음의 광채가 비치지 못하게 함	그리스도의 얼굴에 있는 하나님의 영광을 아는 빛을 비추심

복음의 빛을 가로막는 세상의 신이 있고, 복음의 빛을 비추어 주시는 하나님이 계시다. 세상의 신은 믿지 않는 사람들의 마음에 복음의 빛을 비추지 못하게 가로막는다. 그러나 "어두운 데에 빛이 비치라" 말씀하시며 빛을 창조하신 하나님은 영광을 아는 빛을 비추어 주신다.

예수님을 믿는 것은 마음에 빛을 비추는 사건이다. 예수 그리스도의 복음을 믿는 것은 단순히 정신적인 계몽 차원이 아니다. 태초에 빛이 창조된 것과 같은 사건이 마음에 일어나는 재창조의 사건이다. 예수님은 자신을 '세상의 빛'이라고 하셨고 그리스도인의 삶을 '빛 가운데 걸어가는 것'이라고 말씀하셨다.

비교종교학은 세계의 여러 종교를 기독교, 천주교, 이슬람교, 불교, 유교로 분류한다. 그리고 주요 종교 창시자들의 이름을 예수 그리스도, 무함마드, 석가모니, 공자 등 한 줄로 나열한다. 그런데 G.K. 체스터튼(G.K. Chesterton)은 그의 책 《영원한 사람》에서 이러한 분류법은 하나의 속임수에 불과하다고 지적하였다. 이러한 종교들과 지도자들이 서로 특정 관계에 있는 것처럼 보이게 만드는 착시 현상일 뿐이라고 했다. 이 종교들과 종교의 창시자들은 실제로 아무런 공통점이 없기 때문에 같은 문장에 배열할 수 없다는 것이다. 도리어 이렇게 배열해야 한다고 주장한다.

하나님(God), **그 외의 신들**(the gods), **악마들**(the demons), **그리고 철학자들**(the philosophers)

종교라고 말하지만 철학에 머무르는 것들과 천지를 창조하신 유일하신 하나님을 믿는 종교와는 동일한 배열 구조에 놓을 수 없다.

진화론적 사고에 사로잡혀 있는 사람들은 거대한 것들은 하나같이 그보다 더 작은 무언가에서 생겨났다고 믿는다. 예를 들어 나무가 씨앗이 자라나서 된 것이라는 식의 생각이다. 그러나 모든 씨앗은 나무에서 나온다. 우리는 이 사실을 잊어버려서는 안 된다.

진화론적 사고에 빠진 사람들은 종교조차도 작은 씨앗 같은 관념에서 시간이 흐를수록 점점 발전하여 체계적인 종교의 체계를 갖추었다고 생각한다. 시간이 흐를수록 다신교에서 유일신교로, 하등 종교에서 고등 종교로 발전하였다고 생각한다. 그러나 사실은 정반대이다. 유일하신 하나님, 모든 것을 창조하신 하나님에 대한 신앙으로부터 떠나서 다신교로 점점 분열되어 여러 신들을 만들고 하나님을 대적하는 악마에 의해 타락해 가는 것이다. 인간이 만든 고대의 신들은 매우 비윤리적이며 음란하고 파괴적이었다. 악마의 수준으로 내려가는 만들어진 신들이다.

진화론자들이 매우 미개인이라고 생각하는 원시적인 사람들조차 도덕적 수준이 높고 순수한 유일신론자들이었다는 증거들이 있다. 역사 속의 많은 신화들이 점점 더 복잡해지는데 바로 그런 모습을 역으로 생각하면 신화가 처음에는 단순했다는 것을 알 수 있다. 이는 사람들이 유일신에서 시작해서 점점 다신론으로 타락해서 떨어져 내려갔다는 근거가 되는 것이다.

빛이 비추어진 사람은
그 빛을 전파해야 한다

하나님의 개념은 진화하여 발전한 것이 아니다. 도리어 사람들의 기억 속에 유일하신 하나님에 대한 개념이 있다가 시간이 흐를수록 점점 지워지고 있다. 그 이유는 이 세상의 신이 믿지 않는 사람들의 마음을 혼미하게 하여 영광스러운 복음의 빛을 비추지 못하게 하기 때문이다.

이 세상의 신에 의해 마음이 혼미하게 된 상태로 지속되는 이들은 결국 복음이 가려져 있기에 멸망할 수밖에 없다.

만일 우리의 복음이 가리었으면 망하는 자들에게 가리어진 것이라 4:3

그러나 말씀으로 천지를 창조하신 하나님, 어둠에 빛이 비치라 명하신 하나님은 믿는 사람들의 마음속에 당신의 영광을 아는 빛을 계속 비추신다. 그 빛은 예수 그리스도의 얼굴에 있는 하나님의 영광을 아는 빛이다.

이 빛이 있는 사람, 마음에 하나님의 영광을 아는 빛이 비추어진 사람은 그 빛을 전파하는 사람이 된다. 예수님은 그들을 가리켜 '세상의 빛'이라고 말씀하셨다. 해와 달과 별도 사실은 그 자체가 빛이 아니라 빛을 전달하는 물체인 것처럼, 우리도 스스로 빛을 내는 존재가 아니라 예수 그리스도의 복음의 빛을 전달하는 자들인 것이다.

이처럼 교회의 직분은 하나님의 영광을 아는 빛을 받은 자로서 또 다른 사람에게 이 복음의 빛을 비추는 통로가 되는 것이다. 우리는 어떻게 이 직분을 올바로 행하는 이들이 될 것인가.

우리 마음에 비추어진 복음의 빛을 어떻게 또 다른 사람들에게도 비출 수 있을까? 5절에 그 원리가 담겨 있다.

> **우리는 우리를 전파하는 것이 아니라 오직 그리스도 예수의 주 되신 것과 또 예수를 위하여 우리가 너희의 종 된 것을 전파함이라** 4:5

바울의 이 고백은 견고한 반석이요, 그는 이 고백을 굳게 딛고 서 있었다. 이 고백 속에서 그는 빛을 얻었다. 이 고백이 그가 고난 속에서도 낙심하지 않을 수 있었던 이유다. 그리고 이 고백에 우리가 복음의 빛을 비추는 직분을 올바로 행하는 원리가 담겨 있다.

첫째, 나 자신을 전파하지 않는 것이다. 복음을 전파하는 것은 교회 조직을 확대하는 일도 아니요, 교회가 세상의 어떤 집단보다 강력해지는 것도 아니다. 중세 시대처럼 교회가 국가 권력 위에 존재하는 것도 아니다. 교회가 이기적인 집단으로 비추어지는 것만큼 비참한 일이 없다. 교회는 세상에서 유일하게 자신들을 위해 존재하지 않아야 한다. 그것이 교회의 참된 정체성이다.

둘째, 예수님의 주 되심을 전파하는 것이다. 복음을 전파하는 일은 오직 예수님이 주인 되심을 전하는 것이다. 그리스도는 하나님의 영광을 알게 하는 세상의 빛이기 때문이다. 그분은 인간의 죄를 대속하기 위해 십자가에 죽으시고 부활하셔서 우리의 주가 되셨다. 우리는 그분의 종이다.

셋째, 우리가 예수님 때문에 누군가의 종 됨을 전파하는 것이다. 예수님의 주 되심을 전파하기 위해서는 우리가 누군가의 종이 되어야 한다. 우리가 예수님의 종이라고 할 때는 당연하게 받아들이지만, 누군가의 종이라고 할 때는 내가 왜 그들의 종이 되어야 하느냐고 반문할 수 있다. 그러나 우리는 예수님 때문에 그들의 종이 되어야 한다. 우리가 그들의 종이 되는 섬김 없이는 예수님의 주 되심이 드러나지 않는다.

이 땅에 살지만 세상에 속한 자 같지 않게

주후 2세기 로마 엘리트 계층에게 기독교의 특징을 알려주고 싶었던 사람의 편지로, 디오그네투스(Diognetus)라는 로마 관리에게 전달된 서신이 있다. 그 편지를 쓴 사람은 초대교회 그리스도인들을 '제3의 종족'이라고 표현하였다. 이는 혈통적으로 다른 종족이라는 말이 아니다. 그들이 이미 알고 있는 로마인, 유대인들과 다른 방식으로 살아가는 사람들이라는 뜻이다. 이 제3의 종족 중에는 로마인도, 유대인도 있었다.

당시 로마인들은 어떤 사람들인가. 그들은 다양한 신들을 숭배하면서도 황제를 신으로 모시고 충성을 맹세했다. 그들은 로마와 자신의 번영을 보장받기 위해 모든 의식을 지켰다. 로마는 관대한 다원주의 국가로, 여러 우상 숭배 행위를 통합했다. 각자 무엇을 어떻게 믿고 살든 황제를 신처

럼 충성하기만 하면 되었다. 결국 로마의 종교는 로마 그 자체였다.

반면 유대인들은 한 분 하나님 여호와를 예배하고 그분께만 헌신하였다. 이를 위해 문화적으로 자신들을 구분하는 생활 방식을 택하였다. 할례나 코셔(음식 규정) 등 엄격한 종교 의식은 그들을 로마 사회에 흡수하기 어렵게 하였다. 이들은 문화적 고립 속에 살아갔다.

그렇다면 제3의 종족, 그리스도인들의 삶을 살펴보자. 그들은 언뜻 보기에는 남들과 똑같이 사는 것 같았다. 이웃이 쓰는 언어를 사용하고 그 지역 사람들이 입는 옷을 입었으며 그들이 먹는 음식을 먹고 지역 관습을 따랐다. 겉으로 봐서는 로마 사회에 무리 없이 잘 어울려 사는 것 같았다. 그런데 그들은 새로운 삶의 방식을 드러냈다. 그들은 자기 나라에서 외국인으로 살았다. 모든 외국 땅이 이들의 조국이지만, 모든 조국이 이들에게는 외국 땅이었다. 그리스도인들은 한 나라 안에 있는 또 다른 나라의 시민처럼 행동했다. 문화적으로 동화된 동시에 구별되었다. 그리스도인들은 새로운 인종 곧 제3의 종족을 만들었다. 로마는 이 집단을 손쉽게 통제할 수 없었다.

무엇이 초대교회 그리스도인들을 제3의 종족으로 만들었는가? 그들의 주님은 로마의 황제가 아니라 예수 그리스도셨다. 그들은 예수님 때문에 그 시대 사람들의 종이 되겠다는 마음으로 살았다. 그들은 스스로를 '외국인 거주민'(resident alien)으로 여겼다. 그들은 로마 황제의 통치 아래 살았지만 황제를 주로 섬기는 행위는 거부하였다. 다만 황제를 위해 기도하면서 로마 사람들에게 섬김을 다하는 종의 마음으로 살았다. 그리스도인들은 이 세상에 속한 나라가 아니라 하나님이 다스리시는 나라를 바라보았다. 그래서 당시 로마는 초대교회를 이상한 집단, 제3의 종족으로 여겼다.

오늘 이 시대에 우리는 제3의 종족으로서 살아가는 초대교회의 모습을 회복해야 한다. 나를 전파하는 것이 아니라 오직 예수님의 주 되심과 우리의 종 됨을 전파하는 제3의 길을 가야 한다. 그런 삶을 살 때 복음은 대한민국과 온 세상에 전파될 것이다.

고난은 잠시지만 영광은 영원하다

고린도후서 4:7-18

바울은 어떻게 모진 고난 속에서도 낙심하거나 절망하지 않았는가. 자신의 사역이 영광스러운 직분임을 알았기 때문이다. 바울은 사도로서의 자신의 직분이 모세의 직분보다도 훨씬 더 영광스러운 것임을 담대하게 고백한다. 그리고 그는 현재의 고난이 그 영광에 이르는 과정이라고 말한다. 그렇기에 낙심하거나 절망하지 않을 수 있었던 것이다. 고난에 주목하면 고난에 의해 무너진다. 그러나 영광에 주목하면 고난을 넘어간다.

스스로 질그릇임을 아는 사도는 낙심하지 않는다

> 우리가 잠시 받는 환난의 경한 것이 지극히 크고 영원한 영광의 중한 것을 우리에게 이루게 함이니 우리가 주목하는 것은 보이는 것이 아니요 보이지 않는 것이니 보이는 것은 잠깐이요 보이지 않는 것은 영원함이라 4:17-18

바울은 현재 경험하는 고난을 "잠시 받는 환난의 경한 것", 즉 잠시 당하는 가벼운 고난이라고 표현하였다. 우리가 보기에는 결코 가볍지 않지만 그는 '가벼운' 고난이라고 하였다. 또 고난은 단 며칠간의 고난일지라도 당하는 사람 입장에서는 몇 년처럼 길게 느껴지게 마련인데 그는 '잠시 당하는' 고난이라고 하였다.

바울이 이렇게 표현할 수 있었던 것은 현재 보이는 고난을 주목하지 않고 보이지 않는 영원한 영광을 주목하였기 때문이다. 영원한 영광을 바라보는 믿음은 현재 당하는 모든 고난을 잠시 당하는 가벼운 고난으로 바꿔 줄 것이다. 고난을 주목하는가, 영광을 주목하는가? 믿음은 둘 중 하나를

선택하는 시험이다.

바울은 자신이 받는 고난이 왜 잠시 당하는 가벼운 고난인지, 어떻게 그 고난이 영원한 영광에 이르게 하는지를 세 가지 내용으로 설명하고 있다.

첫 번째 이유는, 우리는 결코 보배가 아니라 보배를 담은 질그릇이기 때문이다.

우리가 이 보배를 질그릇에 가졌으니 이는 심히 큰 능력은 하나님께 있고 우리에게 있지 아니함을 알게 하려 함이라 4:7

보배란 금, 은, 다이아몬드와 같이 정제되어 나온 보석을 의미한다. 이런 것들은 견고하고 변하지 않는 속성을 가진다. 하나님의 영광이 보배이며, 예수 그리스도와 복음이 보배이다. 그러나 보배로우신 예수 그리스도와 복음을 전하는 사도는 질그릇처럼 연약한 존재이다. 보배가 담겨 있는 질그릇은 고난에 연약한 인간의 몸이다. 그것은 무력할 뿐이다. 그러나 보배가 있기에 능력이 있다.

참된 사도는 스스로 보배가 되려고 노력하지 않는다. 자신 안에 오직 보배로우신 예수 그리스도만을 드러낸다. 질그릇을 위하여 보배가 존재하는 것이 아니라 보배를 위하여 질그릇이 존재하는 것처럼, 자신을 위하여 존재하지 않고 예수 그리스도를 위하여 존재한다. 참된 사도는 질그릇은 가치가 없고 보배가 가치 있는 것이라는 사실을 안다. 능력은 우리 자신에게서 나오지 않고 오직 예수 그리스도에게서 나오는 것이라는 사실을 안다.

낙심과 절망은 자신이 보배가 되려고 할 때 찾아온다. 내가 전부이고 자신이 소망이라면 작은 고난에도 무너질 수밖에 없다. 그러나 자신이 질그릇 같은 인생임을 안다면 낙심할 이유가 없다. 예수님이 내 전부요 소망이라면 낙심하고 절망할 이유가 없다.

바울은 자신을 둘러싸고 압박하는 모든 고난은 바로 이것을 깨닫게 하고 확신하게 하는 과정이라고 고백한다. 그래서 그는 어떤 고난 속에서도 낙심하지 않았다.

우리가 사방으로 욱여쌈을 당하여도 싸이지 아니하며 답답한 일을 당하여도 낙심하지 아니하며 박해를 받아도 버린 바 되지 아니하며 거꾸러뜨림을 당하여도 망하지 아니하고 4:8-9

바울은 사방에서 오는 환란에도 절망하지 않았다. 답답한 일을 당해도 낙심하지 않았다. 핍박을 당해도 버림받지 않았다. 넘어뜨림을 당해도 망하지 않았다. 능력은 자신에게서가 아니라 하나님께로부터 나오는 것임을 알았기 때문이다. 이것이 보배를 담고 있는 질그릇 인생의 신앙고백이다.

그런데 바울은 낙심하거나 절망하지 않는 정도에서 머물지 않았다. 도리어 이 고난을 통해 더 적극적으로 예수님의 죽음에 참여했다.

예수님의 죽음에 연합할 때 생명으로 역사한다

바울이 자신이 당한 고난이 잠시 당하는 가벼운 것이라고 말한 두 번째 이유는, 예수님의 죽음에 참여함으로 그분의 생명이 역사했기 때문이다.

우리가 항상 예수의 죽음을 몸에 짊어짐은 예수의 생명이 또한 우리 몸에 나타나게 하려 함이라 우리 살아 있는 자가 항상 예수를 위하여 죽음에 넘겨짐은 예수의 생명이 또한 우리 죽을 육체에 나

타나게 하려 함이라 4:10-11

바울에게 있어서 고난은 예수님의 죽음에 참여하는 기회였다. 죽음의 위험에 이르는 고난을 이기는 힘은 역설적으로 예수님의 죽음에 연합하여 참여하는 것이다. 고난이 가진 힘은 죽음에서 나온다. 죽음을 이길 힘은 예수님의 죽음에 연합하는 길밖에 없다. 왜냐하면 예수님의 죽음만이 생명에 이르는 길이기 때문이다.

10절의 "항상"이라는 단어는 어떠한 고난을 겪든 나타나야 할 우리 믿음의 태도를 말씀한다. 또 "예수의 죽으심"에는 헬라어 '네크로시스'를 썼는데, 이 말은 보통 죽음을 뜻하는 '타나토스'와 다르다. '타나토스'는 죽음 그 자체를 의미하지만, '네크로시스'는 '죽는 과정'을 의미한다. 즉 고난이 예수 그리스도의 죽음에 참여하는 과정이라는 뜻이다.

고대 사형제도 중에는 사람을 죽은 시체와 함께 묶어 서서히 죽어 가게 하는 방식이 있었다고 한다. 우리가 예수님의 죽음과 함께 묶여 연합되면 그분의 죽음의 능력이 우리 안에 역사하게 된다. 고난은 바로 그 죽음에 참여하는 과정이기에 낙심하거나 절망하지 않을 수 있는 것이다.

11절에서는 "예수를 위하여 죽음에 넘겨짐"을 말한다. 예수님도 십자가에 넘겨지셨듯이 우리도 죽음에 넘겨지는 것이다. 예수님 때문에 죽음에 넘겨지는 것은 예수님의 생명이 우리의 죽을 육체 안에 나타나는 기회이다. 이는 예수님이 자기 십자가를 지고 나를 따르라고 하신 말씀에 순종하는 것이다.

주후 100년경 순교한 초대교회 지도자 이그나티우스는 수리아 안디옥의 주교였다. 수리아 안디옥은 이방인 선교의 중심지로, 바울은 1년 동안 이곳 안디옥교회에서 가르쳤다. 주후 40년대 후반에는 바울과 바나바를 1차 선교여행으로 파송하기도 했다. 이 안디옥교회의 지도자인 이그나티우스는 죄수로 잡혀 로마로 호송되어 재판을 받고 처형되었다.

당시 교회 지도자들은 바울이 당한 고난보다 훨씬 더 심각한 도전에 직면해 있었다. 앞서 인도하던 사도들은 다 죽고 없었다. 그런 와중에 이단들이 침입하고, 여러 가지 논쟁이 교회의 연합을 위협했다. 이방인들이 교회로 쏟아져 들어오면서 순수성을 지키기 힘들어졌다. 교회가 이방인을 쉽게 받아들이면 로마의 다원주의로 무너지고, 또 이방인을 받아들이지 않으면 구원의 역사를 제한하는 것이니 어려운 일이었다. 가장 큰 고난은 로마의 박해였다. 교회가 직면한 도전들에 대하여 지도자들은 아무런 준비도 되어 있지 않았다. 이러한 압박 가운데 교회가 생존할 가능성은 거의 없어 보였다.

그러나 이그나티우스 같은 지도자는 어떤 고난도 교회를 무너뜨릴 수 없다고 확신하였다. 그의 죽음이 그 증거였다. 그는 순교자로 죽기를 원했다. 그 죽음이 예수님의 죽음을 몸에 짊어지는 것이라고 여겼기 때문이다. 예수님 때문에 죽음에 넘겨지는 것은 그분의 생명이 죽을 육체 안에 나타나는 것이라고 믿었던 것이다.

그래서 그는 로마에 있는 그리스도인들에게 자신의 목숨을 살리려는 노력을 멈추라고 요청하였다. 그는 맹수들에게 잡아먹힘으로 진정한 그리스도인이 되기를 소망했다. 그는 자신이 맹수들에게 잡아먹히면 교회에 폐를 덜 끼칠 것이라고 믿으면서 순교를 통해 예수님의 진정한 제자가 될 수 있다고 고백하였다. 그는 이런 말을 남겼다.

"하나님의 밀알인 내가 맹수들의 이빨에 갈리면 하나님의 순전한 양식이 될 수 있다. … 세상이 내 몸을 보지 못하게 될 때 비로소 나는 예수 그리스도의 진정한 제자가 될 것

이다.”

바울은 자신 안에서 역사하는 죽음에 이르는 고난이 고린도 성도들에게도 생명으로 역사한다고 믿었다. 고난의 선교적인 의미를 고백한 것이다.

> **그런즉 사망은 우리 안에서 역사하고 생명은 너희 안에서 역사하느니라… 주 예수를 다시 살리신 이가 예수와 함께 우리도 다시 살리사 너희와 함께 그 앞에 서게 하실 줄을 아노라 이는 모든 것이 너희를 위함이니 많은 사람의 감사로 말미암아 은혜가 더하여 넘쳐서 하나님께 영광을 돌리게 하려 함이라** 4:12, 14-15

바울은 더 나아가 자신이 경험한 고난이 다른 민족과 열방의 영혼들을 영원한 생명에 이르게 하는 도구가 된다고 말한다. 고난을 통해 더 많은 사람에게 하나님의 은혜가 풍성하게 전달되는 것이 하나님께 영광을 돌리는 것임을 설명한다.

예수님의 죽음은 모든 사람이 생명을 얻도록 하는 것이었다. 마찬가지로 예수님의 죽음에 고난으로 참여하는 이들 또한 다른 이들에게 영원한 생명을 전달하는 통로와 수단이 된다. 새로운 생명이 산고의 시간을 통과하는 것처럼, 예수님의 생명이 한 사람의 삶 가운데 잉태되는 과정도 죽음과도 같은 고난을 통과하며 일어나는 것이다.

장차 올 영광과 비교하면 고난은 가볍다

바울이 자신이 당한 고난이 잠시 당하는 가벼운 고난이라고 말한 세 번째 이유는, 겉사람은 쇠할지라도 속사람은 날마다 새로워지기 때문이다.

그러므로 우리가 낙심하지 아니하노니 우리의 겉사람은 낡아지나 우리의 속사람은 날로 새로워지도다 4:16

바울이 낙심하지 않은 이유는 고난이 하는 일은 겉사람을 쇠하게 하는 것이기 때문이다. 겉사람이 쇠함으로 속사람이 새로워진다면 그것은 유익한 것이다.

헬라 철학에서 겉사람과 속사람의 구분은 육체와 영혼을 구분하는 이원론이 아니다. 따라서 겉사람이 쇠한다는

것은 육체가 약해진다는 것을 의미하는 것이 아니며, 속사람이 새로워진다는 것은 정신이 강해진다는 것을 의미하지 않는다.

겉사람은 아담 안에서의 우리의 신분과 상태 곧 십자가에서 죽어야 하는 옛 사람을 의미한다. 속사람은 두 번째이자 마지막 아담인 예수 그리스도 안에서의 우리의 신분과 상태 곧 새로운 피조물로 거듭난 새사람을 의미한다. 성령님께서 내주하시는, 마음에 숨은 사람(벧전 3:4)이다. 속사람은 새 영을 소유하여 영원한 나라와 영광을 바라본다. 이 속사람은 골로새서에서 말씀하는 새사람이다.

새 사람을 입었으니 이는 자기를 창조하신 이의 형상을 따라 지식에까지 새롭게 하심을 입은 자니라 골 3:10

바울이 자신이 당하는 모든 고난을 '잠시 당하는 가벼운 고난'이라고 부를 수 있었던 것은 날마다 새로워지는 속사람의 관점에서 바라보았기 때문이다. 죽음을 통과한 예수님의 생명은 우리 안에서 날마다 속사람을 새롭게 하기에 어떠한 고난도 잠시 당하는 가벼운 고난이라고 여기게 된다.

그리고 그것을 능가하고도 남을 영원한 영광을 바라본다. 그러나 동일한 고난을 겉사람의 관점에서 바라보면 '도저히 감당하기 힘든 무거운 고난, 낙심과 절망에 빠뜨리고 무너지게 하는 것'이 된다.

바울은 고난을 겉사람이 아닌 속사람의 눈으로 바라봄으로써 자신이 처한 고난과 모든 압박 가운데 낙심하지 않았다.

우리가 잠시 받는 환난의 경한 것이 지극히 크고 영원한 영광의 중한 것을 우리에게 이루게 함이니 4:17

죽음에 이르게 하는 고난을 잠시 당하는 가벼운 고난으로 여기게 하는 것은 영광이다. 고난의 무게보다 비교할 수 없는, 그것 모두를 능가하고도 남을 영광의 무게가 있다. 영광 자체도 무거운데 영원한 영광은 얼마나 무겁겠는가.

영원한 영광의 무게를 경험한 사람에게는 이 세상의 모든 고난은 잠시 당하는 가벼운 것이 된다. 고난당할 때 그 고난이 얼마나 무거운지 집중하지 말고, 고난을 통하여 다가올 영광이 얼마나 무거운지에 집중해야 한다. 성도들 앞에는 항상 저울이 놓여 있다. 자신이 현재 겪고 있는 고난을 한 쪽에 올려놓고 다른 한쪽 저울에 장차 받게 될 영원한 영광을 올려놓기만 하면 그 고난은 매우 가벼운 것이 되고 만다.

믿음은 미래에 약속된 은혜를 앞당겨 오늘의 은혜로 만들어 준다. 장차 이루어질 영원한 영광에 대한 믿음은 고난 속에서도 낙심하지 않게 한다. 항상 예수 때문에 죽음에 넘겨지고 그의 생명으로 역사하게 한다. 또 다른 많은 사람에게도 생명의 통로가 되게 한다. 속사람이 날로 새로워짐으로써 고난을 잠시의 가벼운 고난으로 변화시킨다.

영원한 집을 사모하는 자는 담대하다

고린도후서 5:1-10

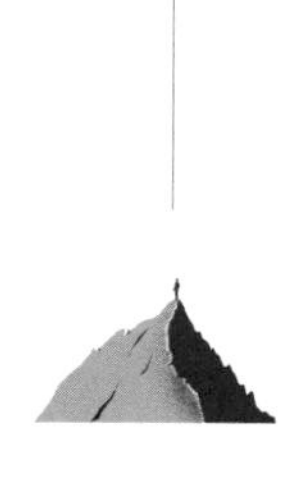

성경을 통해 배우는 참된 믿음은 세상에서의 만사형통을 가져다주는 믿음이 아니다. 어떤 위험과 고난 속에서도 낙심하지 않고 평강을 누리는 믿음이다.

바울은 그 믿음의 대표적인 본이 되는 성도이다. 바울은 매우 험한 인생을 살았다. 이 세상의 기준으로 바라보면 가장 비참하고 불행한 인생이다. 그러나 혹독한 시험과 고난 속에서도 기쁨을 누리며 행복한 인생을 살았던 사람을 꼽으라고 한다면 그 또한 바울이다. 그토록 많은 위험과 엄청난 고난을 겪으면서도 어떻게 그렇게 낙심하지 않고 평강을 누릴 수 있었는지를 바라보며 참된 믿음의 비밀을 배우게 된다. 그는 모든 것을 능가하고도 남을 영원한 영광을 바라보며 모든 고난을 잠시 당하는 가벼운 것으로 여겼다. 보이는 것들을 바라보지 않고 보이지 않는 것들에 온 마음을 기울였다.

우리는 보이는 현실에 갇혀 살아간다. 소는 시원한 물에 서 있거나 푸른 풀밭에 누워 있기만 하면 그저 만족할 뿐이다. 우리도 때로 소처럼 환경에 매여 보고 느끼는 것에 만족한다. 그러다 광야와 고난을 만나면 낙심한다. 더욱이 죽음이 다가오면 절망하고 두려워하게 된다. 그러나 바울은 고난 속에서 낙심하지 않았고 죽음 앞에서도 절망하지 않았다. 모두가 직면해야 할 가장 큰 위기인 죽음 앞에서 추호도 낙심하지 않았다. 그는 복음의 빛 아래에서 죽음을 이해했고, 죽음이 하나님께서 일하시는 매우 중요한 통로라는 것을 알았다. 그래서 자신에게 일어날 수 있는 최악의 일을 평안한 마음으로, 담대한 확신의 고백으로 표현할 수 있었다.

고린도후서를 쓰고 있을 때 바울은 자신의 몸이 머지않아 무너질 것이라는 징후를 많이 발견했을지 모른다. 그는 복음을 전하면서 굶주림과 헐벗음과 채찍질과 질병을 겪었고 많은 고초 탓에 온몸이 깊은 아픔 속에 있었을 것이다. 그래서 자신의 몸이 죽음과 가까워졌음을 알았을 것이다. 그러한 상황에서 바울은 담대한 믿음을 고백한다. 그리고 고린도교회 성도들에게 자신에게 담대함을 가져다준 복음의 진리를 알려 주기를 원했다. 우리는 바울이 깨달았던 진리를 깨닫고 그가 이르렀던 동일한 확신에 이르러야 한다.

씨앗은 죽지 않고서는 살아날 수 없다

인생에서 가장 확실한 것은 죽음이다. 죽음은 출생보다 더 확실하다. 때로 태어날 수 있는 생명이 태어나지 못하는 경우가 있다. 그러나 죽음을 피할 사람은 없다.

사람은 네 종류로 구분할 수 있다. 첫째, 이 땅에서 지옥을 살다가 천국에 가는 사람, 둘째, 이 땅에서 천국을 살다가 지옥에 가는 사람, 셋째, 이 땅에서 지옥을 살다가 지옥에 가는 사람, 넷째, 이 땅에서 천국을 살다가 천국에 가는 사람이다. 이 땅에서 천국을 산다는 말은 아무 고난과 문제가 없는 인생을 산다는 말이 아니다. 어떤 시험과 고난이 있더라도 기쁨과 평강을 누리는 인생이다. 믿음의 사람은 이 땅에서도 천국에서처럼 살 수 있다. 영원한 천국을 현실로 이끌어 오는 것이 믿음이기 때문이다.

많은 사람이 천국을 오해한다. 가장 대표적인 오해가 천국은 현실을 도피하고자 하는 사람들이 만들어 낸 허구의 공간이라는 것이다. 그들은 천국은 상상 속에 존재하는 그림의 떡과 같은 곳이고, 세상에서 적응하지 못한 사람들이 만들어 낸 종교적 산물이라고 말한다. C.S. 루이스는《순전한 기독교》에서 이렇게 말했다.

"역사를 더듬어 보면 이 세상을 위해 가장 많이 일한 그리스도인들은 바로 다음 세상에 대해 가장 많이 생각했던 사람들이었음을 알게 됩니다. 그러나 대부분의 그리스도인들이 다음 세상에 대하여 더 이상 생각하지 않게 되면서 기독교는 세상에서 그 힘을 잃고 말았습니다. 천국을 향하면 세상을 덤으로 얻을 것입니다. 그러나 세상을 향하면 둘 다 잃을 것입니다."

로마 제국을 회개시킨 사도들, 노예 제도를 철폐시킨 영국의 복음 전도자들, 대각성을 일으킨 영적 지도자들, 그들

모두가 이 땅에 뚜렷한 발자취를 남길 수 있었던 것은 그들의 마음이 천국을 지향하고 있었기 때문이다. 마음을 천국으로 채우고 눈을 천국에 고정시킨 사람만이 세상을 진정 담대하게 살아갈 수 있다.

바울은 복음의 빛 아래에서 죽음을 어떻게 이해하였기에 고난 속에서도 담대할 수 있었을까? 그는 세 가지 이미지를 통해 죽음을 설명하고 있다.

첫째, 집의 이미지이다. 죽음은 일시적인 장막에서 영원한 집으로 옮겨 가는 일이라는 것이다.

> **만일 땅에 있는 우리의 장막 집이 무너지면 하나님께서 지으신 집 곧 손으로 지은 것이 아니요 하늘에 있는 영원한 집이 우리에게 있는 줄 아느니라** 5:1

바울의 직업은 장막(텐트)을 만들어 파는 사람이었다. 그는 장막을 세우고 철수하는 것에 익숙했다. 바울은 규모가 크거나 호화로운 장막을 제작하지 않았을 것이다. 그런 사업을 할 만한 자본이 없었을 것이다. 그는 보통 장막을 주로 취급했고 수선하는 일을 했다. 보통 장막은 사람들이 아주 쉽게 치고 거두는 간편한 구조물이었다. 바로 이런 장막, 집의 이미지로 죽음을 설명한 것이다.

이는 우리 몸이 무너지는 데는 그렇게 큰 힘이 필요하지 않다는 것을 표현하려고 선택한 이미지이다. 우리 몸은 아주 작은 바이러스 하나에도 꼼짝 못 한다. 어떤 사람에게는 유익한 음식이 다른 사람에게는 알러지나 부작용을 일으켜 죽음에 이르게 할 수도 있다. 매일을 살아가는 것 자체가 기적의 연속이라고 말할 수밖에 없다. 모든 역사를 통하여 자신이 틀림없이 죽게 된다는 것을 알고 있는 유일한 피조물은 인간이다. 그러나 인간은 마지막 순간까지 자신의 죽음을 받아들이려고 하지 않는다. 그래서 그 마지막 때를 대비하지 못하는 경우가 있다.

우리의 몸은 무너져 가는 연약한 장막이지만, 그럼에도 절망하거나 두려워하지 않는 것은 하나님이 지으신 집 곧 하늘에 있는 영원한 집이 있음을 알기 때문이다. 하나님이 지으신 집은 텐트가 아니라 빌딩이다. 일시적인 장소가 아니라 영구적인 건물로서의 집, 영원한 집이다. 하나님은 예수 그리스도 안에서 우리에게 영원한 집으로서의 부활의 몸을 주신다.

둘째, 옷의 이미지다. 죽음은 옛 옷을 벗고 새 옷을 덧입는 것이다.

> 참으로 우리가 여기 있어 탄식하며 하늘로부터 오는 우리 처소로 덧입기를 간절히 사모하노라 이렇게 입음은 우리가 벗은 자들로 발견되지 않으려 함이라 참으로 이 장막에 있는 우리가 짐진 것 같이 탄식하는 것은 벗고자 함이 아니요 오히려 덧입고자 함이니 5:2-4a

바울은 죽음에 이르는 것을 옷을 벗고 입는 것으로 표현했다. 고대 문헌에서는 존재의 새로움을 이야기할 때 새로운 옷으로 갈아입는다는 표현을 자주 사용했다. 새로운 옷이란 새로운 정체성이요, 새로운 존재의 방식이다. 죽음 이후 우리 몸은 새로운 몸을 입게 될 것이다. 지금의 몸은 흙으로 만들어졌지만, 새로운 몸은 영적인 존재가 될 것이다.

바울은 특히 2절에서 "덧입기를 간절히 사모하노라", 4절에서 "벗고자 함이 아니요 오히려 덧입고자 함이니"라고 하면서 '덧입는다'는 표현을 사용했다. 여기에 대한 많은 연구가 있다. 덧입는다고 하였으니 현재 입고 있는 몸 위에 새로운 몸을 덧입는다는 것인가? 벗을지라도 벗은 사람들로 발견되지 않을 것(3절)이라고 하였으니 몸을 벗어 버리지 않은 채로 부활의 몸을 덧입게 되기를 바라는 것인가? 벗은 자가 되는 것, 즉 죽음 이후에 부활의 몸을 입게 되기까지 중간 상태를 원치 않고 바로 부활의 몸을 덧입기를 원한다는 것인가?

이러한 중간 상태, 즉 죽음 직후부터 부활의 몸을 입게 되는 때까지에 대한 네 가지 주장이 있다. 첫째는 영혼이 잠잔다고 보는 주장이다. 제칠일안식일예수재림교회나 여호와의증인이 이러한 주장을 한다. 그들은 영혼이 부활할 때까지 무의식이나 망각 상태로 존재한다고 말한다. 둘째는 연옥으로 간다는 주장이다. 로마 카톨릭이 이러한 주장을 한다. 그들은 영적으로 완전하지 못한 사람은 정결해지기 위해 연옥으로 간다고 믿는다. 셋째는 즉각적으로 부활한다는 주장이다. 그들은 죽는 즉시 육신에서 분리되어 부활의 몸으로 변화된다고 말한다. 넷째는 주와 함께 거하며 몸의 부활을 기다린다고 보는 주장이다. 즉 죽음 이후에도 영혼은 의식적인 상태로 존재하며 예수님과 함께 거한다고 보는 것이다. 그러나 육체는 완전하고 최종적인 형태로 존재하지 않으며 예수님의 재림과 함께 부활의 몸으로 변화할 것이다. 이때 죽음과 완전한 몸의 부활 사이 시간 간격은 감지할 수 없을 것이다.

마틴 루터의 종교개혁 이전 시대에 악하게 살던 사람들은 죽을 때가 되면 큰 두려움에 사로잡혔다. 이들은 사람을 수도원에 보내어 수도사의 옷을 구입했다. 자신이 죽으면 장사 지낼 때 입으려고 한 것이다. 수도사의 옷을 입고 수도사의 두건을 쓰면 심판 날에 좀 더 나은 대접을 받을 것으로 생각했다니, 얼마나 어리석은 공상인가? 우리는 오직 예수 그리스도로 옷 입어야 할 뿐이다.

셋째, 씨앗의 이미지다. 죽음은 영원한 생명에 의해 삼켜져 새로운 시작이 된다.

죽을 것이 생명에 삼킨 바 되게 하려 함이라 5:4b

여기에서 사용된 "생명"은 헬라어로 '조에' 즉 영원한 생명을 뜻한다. 이 생명이 죽을 것을 삼킨다는 표현은 씨앗이 열매를 맺는 것과 같다. 씨앗은 마치 죽어 끝난 것 같지만 그 안에 있는 생명에 의해 변화되어 열매를 맺는다. 씨앗은 죽지 않고서는 살아날 수 없다. 생명이 씨앗의 죽음을 삼키는 것이다. 생명이 죽음을 삼킨다는 표현이 고린도전서에도 나온다.

이 썩을 것이 썩지 아니함을 입고 이 죽을 것이 죽지 아니함을 입을 때에는 사망을 삼키고 이기리라고 기록된 말씀이 이루어지리라 고전 15:54

이 말씀은 이사야서 말씀을 인용한 것이다.

사망을 영원히 멸하실 것이라 주 여호와께서 모든 얼굴에서 눈물을 씻기시며 자기 백성의 수치를 온 천하에서 제하시리라 여호와께서 이같이 말씀하셨느니라 사 25:8

하나님은 죄와 수치를 씻어 내시기 위해서 죽음을 영원히 삼키실 것이다. 이러한 변화는 오직 성령의 역사로만 가능하며 또한 성령께서는 이러한 변화를 확신하도록 우리 안에 보증이 되신다.

곧 이것을 우리에게 이루게 하시고 보증으로 성령을 우리에게 주신 이는 하나님이시니라 5:5

이성적인 판단으로는 이해할 수 없지만 가능하다는 확신을 주시는 분이 성령님이다. 이러한 성령님의 보증이 있기에 우리는 담대할 수 있다. 바울은 자신 안에서 보증해 주시는 성령님을 경험하였기에 담대하였다.

주를 기쁘시게 하는 삶은 심판대가 두렵지 않다

바울은 성령 안에서 경험하는 담대함을 이렇게 표현하였다.

첫째, 몸 안에서 믿음으로 주와 동행하는 것이다.

그러므로 우리가 항상 담대하여 몸으로 있을 때에는 주와 따로 있는 줄을 아노니 이는 우리가 믿음으로 행하고 보는 것으로 행하지 아니함이로라 5:6-7

우리가 몸 안에 거하는 동안에는 주님의 물리적인 임재에서 떠나 있을 수밖에 없다. 주님의 재림에 이르기까지는 물리적 임재는 가능하지 않다. 그래서 몸을 입고 있을 때는 믿음으로 행해야 한다. 믿음으로 성령 안에서 주님의 임재를 경험해야 한다. 보는 것으로 행하지 않고 믿음으로 행하는 삶을 살아야 한다. 믿음으로 행하는가 아닌가를 어떻게 알 수 있는가? 담대함으로 확인할 수 있다. 담대할수록 믿음이 견고한 것이다.

둘째, 몸을 떠나 주와 함께 거하고자 하는 것이다.

우리가 담대하여 원하는 바는 차라리 몸을 떠나 주와 함께 있는 그것이라 5:8

바울은 죽음이 몸을 떠나 주와 함께 거하는 상태로 들어간다는 담대한 확신이 있었다. 무덤에 묻힌 성도들의 영은 소멸한 것이 아니라 계속 살아 있다. 의식을 가지고 주와 함께 거하는 데 몸이 꼭 필요한 것은 아니다. 바울은 몸이 없는 상태에서도 주님과 함께 거한다는 것을 알았기 때문에 담대했다. 그가 죽음을 두려워하지 않은 이유는 곧바로 부활의

몸을 얻는다는 믿음 때문이 아니라 몸을 떠나면 곧 주와 함께 거하기 때문이라는 담대한 믿음 때문이다. 우리가 부활의 몸으로 주님의 물리적인 임재와 함께 있을 때는 주님의 영광을 훨씬 더 잘 볼 수 있을 것이다.

셋째, 그리스도의 심판대 앞에 서는 것이다.

> **그런즉 우리는 몸으로 있든지 떠나든지 주를 기쁘시게 하는 자가 되기를 힘쓰노라 이는 우리가 다 반드시 그리스도의 심판대 앞에 나타나게 되어 각각 선악간에 그 몸으로 행한 것을 따라 받으려 함이라** 5:9-10

바울은 몸 안에서 믿음으로 주와 함께 행하든지, 몸을 떠나 주와 함께 거하든지 주를 기쁘게 하는 것이 가장 중요한 삶의 목적이었다. 그것은 그리스도의 심판대 앞에서 담대한 자가 되기를 원했기 때문이다.

믿는 이들에게도 심판이 있다. 천국과 지옥을 구별하는 심판이 아니라 선악 간에 몸으로 행한 것에 대하여 보응하시는 심판이다. 청지기로서 칭찬받느냐 아니면 책망받느냐의 심판이다. 우리는 오직 믿음으로 의롭다함을 받았지만,

그 믿음은 순종과 사랑으로서 표현된다. 우리는 선한 일에 의해서가 아니라 선한 일을 위하여 구원받았기 때문이다.

그리스도의 심판대 앞에서 담대할 수 있는 자는 주를 기쁘게 하려고 힘쓰며 산다. 몸 안이든 밖이든 어디에 있든지보다 더 중요한 것은 주를 기쁘게 하려고 하느냐의 문제이다. 삶이 행복하지 않은 이유는 고난이 있어서가 아니라 주를 기쁘게 하려는 열망 없이 살기 때문이다. 주를 기쁘게 하는 것이 우리 삶의 목적이기 때문에 그 목적대로 살면 삶은 행복하기 마련이다. 주를 기쁘게 하려는 삶을 살았는지 아닌지는 그리스도의 심판대 앞에서 다 드러나게 될 것이다. 이 심판대 앞에서 어떤 보응을 받을 것인가를 생각하라. 주를 기쁘게 하려는 삶을 살았다면 몸을 떠나 주와 함께하는 것이 두렵지 않고, 주께서 다시 오시는 것이 두렵지 않다.

아프리카에서 40년 넘게 주를 섬기며 사역했던 헨리 모리슨(Henry C. Morrison)은 미국으로 돌아오는 배에서 이런 생각을 했다고 한다.

'우리를 누가 기억하고 있을까?'

그 배에는 당시 미국 대통령인 테디 루즈벨트(Teddy Roosevelt)가 타고 있었다. 그는 아프리카 어느 나라를 방문한 후 사냥 여행까지 마치고 미국으로 돌아가는 길이었다. 배가 뉴욕 항구에 들어왔을 때 헨리 모리슨은 자신을 환영하러 온 사람이 있는지 살펴보았다. 그런데 밴드가 연주하고 수천 명의 사람이 환호해 주고 있었다. 항구 곳곳에 "Welcome Home"이라는 배너가 걸려 있었다. 헨리 모리슨은 수많은 사람이 자신을 환영하러 나온 줄 알고 흥분하였다. 그런데 그들이 배에서 내렸을 때 환영 인파는 사라지고 없었다. 그들은 테디 루즈벨트를 환영하러 온 사람들이었다는 것을 알게 되었다. 헨리 모리슨은 매우 무거운 마음으로 호텔로 갔다. 그는 의자에 앉아 아내에게 이렇게 말했다.

"여보, 우리는 40년 동안 모든 것을 다 쏟아부어 하나님을 섬기고 고국으로 돌아왔소. 그런데 단 한 사람도 우리를 환영하러 나오지 않았네요."

아내는 그의 어깨에 손을 얹고 그가 결코 잊을 수 없는 말로 위로하였다.

"헨리, 당신이 한 가지 잊은 게 있어요. 당신은 아직 집에 도착한 것이 아니예요(Henry, you have forgotten something, you're not home yet!)."

우리는 이 땅에서 잠시 텐트를 치고 여행하고 있는 것이다. 이 땅에서 안식을 주는 집에 살아도 그것은 텐트일 뿐이다. 우리가 완전히 집에 도착할 때까지 우리는 여행객일 뿐이다. 우리가 부활의 몸을 덧입을 때 비로소 우리는 집에 도착할 것이다. 그 집은 아버지의 집이요 하나님이 지으신 집이요 예수님이 예비하신 집이다. 영원한 생명이 죽음을 삼킬 때 비로소 우리는 집에서 쉬게 될 것이다. 그 전에 우리는 그리스도의 심판대 앞에 서게 될 것이다. 그 앞에서 담대할 수 있도록 몸 안에 있든, 몸을 떠나 있든 주를 기쁘시게 하는 삶을 살아야 할 것이다. 모든 시선을 주님께 고정하며 주와 함께 거할 영원한 집을 사모하며 살아야 할 것이다.

옛 사람이 죽은 자는 나를 위해 살지 않는다

고린도후서 5:11-21

과거 사람들은 지구가 우주의 중심이라는 사고에 갇혀서 지구는 움직이지 않고 그 주변의 천체가 움직인다고 믿었다. 그러나 폴란드의 천문학자인 코페르니쿠스는 지구 중심설의 오류를 지적하고 태양을 중심으로 지구가 움직인다고 주장하여 당시 누구도 의심하지 않았던 우주 체계에 정면으로 도전하였다. 이러한 그의 주장은 허무맹랑한 헛소리로 치부되어 전혀 받아들여지지 않았다. 그의 책은 1616년 로마 카톨릭교회로부터 금서로 지정되기도 했다. 그러다가 후대에 과학이 발전하면서 그의 주장은 비로소 받아들여졌다.

과학철학자 토마스 쿤(Thomas Kuhn)은 그의 이름에 혁명을 붙여 《코페르니쿠스 혁명》이라는 책을 썼다. 이 책에서 그는 '과학의 발전은 점진적으로 이루어지는 것 같지만 패러다임의 전환에 의해 혁명적으로 이루어진다'는 것을 주장했고, 이후 '패러다임 전환'(paradigm shift)이라는 단어가 유행하게 되었다.

인생에도 중심을 근본적으로 바로잡는 변화가 필요하다. 세상과 사람들은 자신이 우주의 중심이라고 굳게 믿고 스스로에 갇혀 자신을 위해 살아간다. 그러나 성경은 우주와 인생의 중심은 내가 아니며 그리스도이심을 알려 준다. 또한 예수 그리스도 안에서 일어나는 본질적인 우주와 인생의 변화가 있음을 계시해 준다. 우리는 이를 그리스도의 십자가 혁명이라고 부를 수 있을 것이다.

세상은 십자가 혁명을 인정하지 않는다

그런즉 누구든지 그리스도 안에 있으면 새로운 피조물이라 이전 것은 지나갔으니 보라 새것이 되었도다 5:17

누구든지 그리스도 안으로 들어가면 '새로운 피조물'로 변화한다. 어둠 속에서 빛이 창조되는 새 창조의 변화로서 빛이 없었던 상태와 빛이 창조된 상태가 전혀 다른 것과 같은 변화이다. 이것은 새로운 생명이 잉태되는 변화로서 생명이 잉태되기 전의 몸 상태와 잉태된 후의 몸 상태가 전혀 다른 것과 같은 변화이다. 인생의 중심이 자신이 아니라 예수 그리스도라는 것을 깨닫고 그분 안으로 들어가는 변화이다. 자신을 중심으로 그리스도를 움직이는 세상이 아니라 그리스도를 중심으로 자신이 움직이는 변화이다. 이 변화는 오랜 시간에 걸쳐 점진적으로 일어나는 사건이 아니다. 순간적이고 급격한 변화이다. 순간적으로 완벽한 인격으로 변화한다는 뜻이 아니다. 예수 그리스도를 주님으로 온전히 모시고 사는 여정으로의 패러다임의 전환이 시작된다는 것이다.

성경은 그리스도 이전의 세상과 인간의 상태를 '옛것'이라고 표현하고 그리스도 안에서의 상태를 '새것'이라고 표현한다. 성경은 모든 곳에서 사람들을 이 두 그룹으로 나눈다. 이것은 사회적 경제적 인종적 구분이 아니라 하나님과의 관계로 구별한다. 하나님께 대하여 죽어 있는 사람들과 하나님께 대하여 살아 있는 사람들이다. 옛것에 속한 사람과 새것에 속한 사람이다.

이 변화의 중심에 예수 그리스도가 계신다. 세상 사람들은 이러한 변화가 예수 그리스도 안에서 일어났다고 말하면 미친 사람처럼 대한다. 코페르니쿠스를 사람들이 미쳤다고 여기고 그의 책을 금서로 지정한 것처럼 성경의 진리를 받아들이려 하지 않는다. 바울도 여러 번 미친 사람 소리를 들었다. 바울의 변호를 들은 베스도 총독은 이렇게 말했다.

"바울아 네가 미쳤구나! 네 많은 학식이 너를 미치게 했구나."

바울은 대답했다.

"베스도 각하, 저는 미치지 않았습니다. 제가 드리는 말씀은 사실이며 제정신으로 하는 말입니다."

바울은 고린도 사람들로부터도 비슷한 평가를 받은 것 같다. 그는 예수님도 가족들로부터도 "그가 미쳤다"는 말을 들은 것을 기억하였을 것이다.

우리가 만일 미쳤어도 하나님을 위한 것이요 정신이 온전하여도 너희를 위한 것이니 5:13

미친 세상이 참되신 하나님을 알고 살아가는 사람들을 미쳤다고 비난하는 것은 이상한 일이 아니다. 바울이 미친 사람이라는 소리를 듣게 된 이유는 그리스도 안에서 새로운 피조물로 변화하는 경험을 했기 때문이다. 옛것은 지나가고 새것이 되었기 때문이다. 과거 바울은 육체를 따라 그리스도를 알았기에 그리스도인들을 핍박했지만, 새로운 피조물로 변화된 후에는 세상으로부터 미친 사람이라는 평가를 기쁘게 여기는 사람이 되었다.

그리스도의 사랑은 옛 사람을 죽음으로 인도한다

바울은 그리스도 안에서 새로운 피조물 된 영혼의 두 가지 체험을 고백한다. 첫째, 그리스도의 사랑이 강권하신다는 것이다.

그리스도의 사랑이 우리를 강권하시는도다 우리가 생각하건대 한 사람이 모든 사람을 대신하여 죽었은즉 모든 사람이 죽은 것이라 그가 모든 사람을 대신하여 죽으심은 살아 있는 자들로 하여금 다시는 그들 자신을 위하여 살지 않고 오직 그들을 대신하여 죽었다가 다시 살아나신 이를 위하여 살게 하려 함이라 5:14-15

'강권하신다'(συνέχω)는 표현이 중요하다. 이 단어는 '지배한다'(control), '함께 붙잡는다'(to hold together), '압축하다'(to compress), '하게 하다'(to compel)는 의미로 해석된다. 만일 나를 사로잡고, 압축하고, 하게하고, 지배하는 것이 나를 무너뜨리는 악한 존재라면 엄청난 불행일 것이다. 그러나 바울은 그리스도의 사랑이 자신을 강권하고 계심을 고백하고 있다.

그리스도는 우리가 자기중심적으로 살아가지 못하도록 사랑으로 지배하신다. 세상의 유혹에 넘어가지 않도록 붙잡아 주신다. 미움과 이기심을 제지하신다. 그리스도는 사랑으로 우리가 사랑의 힘에 이끌려서 섬기게 하신다. 사람이 거센 강물의 흐름을 따라 떠밀려가듯 그리스도는 사랑으로 압박하시고 일하게 하신다. 그러나 그리스도의 사랑은 강요나 속박이 전혀 없다. 그것은 최고의 자유일 뿐이다. 이는 정말 원하는 것에 마음껏 집중하게 하는 자유이다. 하고 싶은 것에 온전히 몰두하여 자유롭게 그것에 전념하는 것이다. 우리는 그리스도의 사랑에 강권함을 받을 때 가장 자유롭다. 기쁨을 가져다주는 압박이요 자유로운 구속이다.

위대한 생애를 살았던 사람들은 모두 이러한 강권함을 받았다. 이러한 모습은 마치 댐을 막아 많은 물을 가두었다가 한 방향으로 물꼬를 트면 힘 있게 그 방향으로 흘러나가는 것과 같다. 엄청난 양의 물이 빠른 속도로 힘 있게 뿜어져 나가면 놀라운 에너지를 만든다.

그리스도의 사랑은 '모든 사람을 대신하여 죽으신 사랑'이다. 그리스도의 십자가 위에서의 죽음은 모든 사람을 대신하여 죽으신 사랑의 죽음이었다. 그 사랑은 모든 사람을 죽게 하는데, 자기중심적인 삶에 대한 죽음을 가져온다. 자기중심성으로 똘똘 뭉쳐 있는 인간의 타락한 옛 사람의 죽음으로 인도한다.

그래서 그리스도의 사랑에 의해 강권함을 받으면 더 이상 자신을 위해 살지 않게 된다. 스스로 인생의 중심이던 상태에서 그리스도께서 중심 되시고 주인 되시는 삶을 살게 된다. 자신을 대신하여 죽었다가 살아나신 그리스도를 위해 살게 된다. 바울이 자신이 그리스도의 사랑의 대상임을 알고 그 사랑에 강권함을 받은 것은 이 진리를 깨달았기 때문이다.

사랑은 그 사랑을 받는 자를 변화시킨다. 사랑을 주는 자를 닮게 한다. 진정한 사랑은 자기를 부인하고 희생하는 것이다. 따라서 진정한 사랑을 받은 사람은 동일하게 자신을 부인하고 희생한다. 사랑은 받고 경험한 만큼 할 수 있다. 그리스도의 사랑에 의해 강권함을 받은 사람은 자신을 위해 사는 삶을 내려놓고 그리스도를 위해 살게 된다.

새사람이 된 우리는 화목을 나누는 직분을 받는다

둘째, 그리스도 안에서 하나님과 화목하게 된 것이다.

모든 것이 하나님께로서 났으며 그가 그리스도로 말미암아 우리를 자기와 화목하게 하시고 또 우리에게 화목하게 하는 직분을 주셨으니 곧 하나님께서 그리스도 안에 계시사 세상을 자기와 화목하게 하시며 그들의 죄를 그들에게 돌리지 아니하시고 화목하게 하는 말씀을 우리에게 부탁하셨느니라 5:18-19

인간은 하나님과 화목하게 되어야 하는 상태에 있다. 하나님으로부터 소외된 상태이기 때문이다. 소외란 깨어진 관계로 서로 간에 분열된 상태에 있는 것이다. 하나님과의 관계가 이렇게 깨어진 이유는 인간의 죄이다.

오직 너희 죄악이 너희와 너희 하나님 사이를 갈라 놓았고 너희 죄가 그의 얼굴을 가리어서 너희에게서 듣지 않으시게 함이니라 사 59:2

이러한 상태에서 하나님은 사람이 당신과 화목하도록 친히 주도권을 잡으신다. 사람들 간에 어떤 갈등이 일어나면 제삼자가 주도권을 가지고 서로 화목하도록 도울 수밖에 없다. 갈등의 당사자들이 화목을 이룬다는 것은 매우 어렵다. 더욱이 피해자나 부당하게 취급당한 당사자가 주도권을 가지고 화목을 이룬다는 것은 거의 불가능하다. 하나님과 인간 사이가 소외된 원인은 인간에게 있으므로 부당한 취급을 받으신 분은 하나님이다. 그런데 하나님이 화목의 주도권을 가지고 일하셨다.

하나님이 인간과 화목케 하신 일은 문제를 그냥 눈감아 주자고 하신 것이 아니다. 화목이란 죄를 덮어 줌으로 이루어지는 것이 아니다. 화목은 인간의 반역을 무시하거나 하나님의 불쾌감을 조금 줄이고 참는 것을 의미하지 않는다. 하나님은 죄를 "그냥 용서해 주고 잊어버리자"라고 말씀하실 수 없다. 하나님의 마음을 상하게 하고 슬프게 하고 소외를 일으켰던 원인이 제거되어야 한다. 죄에 대한 형벌이 이루어져야 하는 것이다. 하나님이 용납할 수 없는 것은 제거되어야 한다. 하나님은 어떻게 이 일을 하셨는가?

곧 하나님께서 그리스도 안에 계시사 세상을 자기와 화목하게 하시며 그들의 죄를 그들에게 돌리지 아니하시고 5:19a

하나님이 죄를 알지도 못하신 이를 우리를 대신하여 죄로 삼으신 것은 우리로 하여금 그 안에서 하나님의 의가 되게 하려 하심이라 5:21

하나님은 화목을 이루기 위해서 죄를 해결하셔야 했다. 그런데 그 죄를 지은 사람, 책임이 있는 사람에게 돌리지 않으셨다. 죄를 알지도 못하신 분에게 대신 그 짐을 짊어지게 하셨다. 죄 없으신 그리스도께서 죄의 형벌을 대신 지고 죄인으로 취급받도록 하셨다.

왜 이렇게 하셨을까? 이렇게 이해할 수 없는 하나님의 일하심은 사랑의 영역이다. 자신을 희생하여 화목을 이루는 일은 사랑이 많은 쪽에서만 가능하다. 먼저 용서하며 화목을 이루는 일은 피해자만이 할 수 있으며, 이것은 피해자에게 사랑이 많을 때만 가능하다. 마땅히 죗값을 치러야 하는 대상에게 책임을 묻지 않고 스스로 대신 그 형벌을 담당하는 것은 오직 사랑만으로 가능하다. 하나님이 사랑이시기에 일어난 일이다. 하나님의 아들이신 그리스도께서 그 사랑으로 십자가에서 화목제물이 되셨기에 가능한 일이다.

그리스도의 십자가는 하나님과 사람을 화목하게 하는 하나님의 위대한 사랑이다. 모든 사람의 죽음이 자신만을 위해 살아온 죄의 결과라면 그리스도의 죽음은 이와 성격이 전혀 다르다. 죄가 없으신 그리스도께서 대신 죽으심으로 모두를 사랑으로 강권하신다. 지독한 자기 중심성에서 벗어나 더는 자신을 위해 살지 않고 그리스도를 위해 사는 인생으로 변화시킨다.

그리스도의 사랑으로 강권함을 받은 사람들이 자신만을 사랑하는 인생에서 벗어나 그리스도를 위한 인생으로 변화하는 것처럼, 그리스도를 통해 하나님과 화목을 경험한 사람은 이제 화목하게 하는 직분을 받는다. 사랑을 경험한 사람은 사랑을 나누게 되고, 화목을 경험한 사람은 화목을 나누게 된다.

모든 것이 하나님께로서 났으며 그가 그리스도로 말미암아 우리를 자기와 화목하게 하시고 또 우리에게 화목하게 하는 직분을 주셨으니 곧 하나님께서 그리스도 안에 계시사 세상을 자기와 화목

하게 하시며 그들의 죄를 그들에게 돌리지 아니하시고 화목하게 하는 말씀을 우리에게 부탁하셨느니라 그러므로 우리가 그리스도를 대신하여 사신이 되어 하나님이 우리를 통하여 너희를 권면하시는 것 같이 그리스도를 대신하여 간청하노니 너희는 하나님과 화목하라 5:18-20

우리에게 주어진 직분은 강제적 의무로 주어진 것이 아니다. 우리를 강권하시는 그리스도의 사랑으로 인해 그리스도 안에서 우리와 화목하게 하신 하나님이 맡기신 것이다. 우리가 그 사랑과 화목을 경험하였다면 그리스도를 대신하는 사절로서의 직분이 맡겨진 것이다. 그리스도의 대사로서의 직분이다.

우리를 그리스도를 대신하는 사절로 부르셨다는 것이 너무나 엄청난 일 아닌가? 우리가 그분을 대신하는 사절의 직분을 맡을 수 있는 자격은 오직 한 가지이다. 그분의 사랑에 강권함을 받고, 그분을 통하여 하나님과 화목하게 되는 것이다. 그리스도의 사절은 자신이 받고 경험한 것을 그대로 전할 책임이 있다. 그리스도의 사절이 전해야 하는 메시지는 간결하다. 이 메시지를 사람들에게 전하고 간곡히 부탁해야 한다.

“하나님과 화목하십시오. 하나님은 당신과 화목하시려고 당신의 죗값을 그리스도에게 치르게 하셨습니다. 이로써 그리스도의 사랑 안에서 하나님과 화목하는 삶이 가능하게 되었습니다. 하나님과 화목하십시오.”

사람들은 자신들이 겪는 많은 문제의 원인이 실상은 하나님과 화목하지 않은 데 있다는 것을 알지 못한다. 다른 사람과의 갈등도, 자신과의 갈등도 실상은 하나님과 화목하지 않기 때문에 일어나는 것이다. 그리스도의 사랑에 강권함을 받아 하나님과 화목함을 누리는 것이 참된 믿음의 축복이다. 그리스도 안에서 새로운 피조물 된 성도들이 누리는 놀라운 축복을 날마다 누리고 전해야 한다.

Part 3

육체의 연약함 중에 온전한 자유

겨울은 고통스럽지만 생명을 준비한다

고린도후서 6:1-10

추운 겨울에 깨닫는 진리들이 있다. 첫째, 겨울은 강한 의지력을 일깨워 준다. 겨울을 많이 겪은 지역에 사는 사람들은 강한 의지가 발달한다. 여름은 사람을 나른하게 만들지만 겨울은 강하고 의연하게 만든다. 마음에 내키지 않아도 하게 하는 의지력을 키워 준다.

둘째, 겨울은 사랑과 긍휼의 마음을 열어 준다. 어려운 이웃을 위한 기부가 주로 겨울에 많이 일어난다. 구세군의 자선 냄비가 여름이 아니라 추운 겨울에 이루어지는 것은 겨울에 지갑이 관대하게 열리기 때문이다.

셋째, 다른 계절에 대하여 감사하게 된다. 황량한 겨울이 모든 것을 앗아갈 때에 봄의 따듯함과 여름의 풍성함과 가을의 축복을 알게 된다. 건강의 소중함을 가장 절실하게 느끼는 사람은 건강한 사람이 아니라 건강을 잃은 사람이다. 겨울은 추워서 힘들고 고통스럽지만 매우 가치 있는 계절이다.

고난을 통해서 하나님의 뜻을
이루는 통로가 된다

바울은 고난의 겨울을 통하여 복음의 능력을 깊이 깨달았다. 고통스러운 고난의 겨울을 지내면서 그리스도의 생명이 자신 안에 역사하고 있음을 더 깊이 체험하였다. 또 바울은 자신이 받은 부르심을 더 확신하고 그 직분을 충성스럽게 감당하였다. 사방으로 환난을 당해도 절망하지 않고, 답답한 일을 당해도 낙심하지 않고, 핍박을 당해도 버림받지 않고, 넘어뜨림을 당해도 망하지 않았다. 질그릇 같은 자신 안에 보배로운 그리스도의 생명이 역사하심을 고백하였다.

고린도후서는 바울이 자기 변호를 주제로 쓴 서신으로 알려져 있지만, 실상 바울은 자신을 변호하는 것보다 자신의 직분을 변호하는 것에 더 큰 관심을 가졌다. 3장에서 바울은 자신을 영광스러운 "새 언약의 일꾼"으로 확신한다(6절). 5장에서는 세상과 하나님을 화목하게 하는 "그리스도의 사절"로서 확신한다(20절). 6장에서는 "하나님의 일꾼"으로 자신의 정체성을 확신한다(4절). 어느 학자는 이 책을 바울의 '사도적 자기 증명 카드'(apostolic identification card)라고 이름을 붙이기도 하였다

우리가 하나님과 함께 일하는 자로서 너희를 권하노니 하나님의 은혜를 헛되이 받지 말라 6:1

오직 모든 일에 하나님의 일꾼으로 자천하여 많이 견디는 것과 환난과 궁핍과 고난과 매 맞음과 갇힘과 난동과 수고로움과 자지 못함과 먹지 못함 가운데서도 6:4-5

하나님은 거듭나서 예수님의 생명으로 사는 그리스도인들을 하나님의 일꾼으로 초대하신다. 우리가 하나님과 함께

일할 수 있다니 얼마나 영광스러운 말씀인가! 조심해야 할 것이 있다. 우리가 하나님을 위해 일한다고 생각하는 것이다. 이런 생각은 매우 위험하다. 내가 하나님을 도와드린다는 착각은 도리어 하나님의 역사를 방해한다. 다만 우리는 하나님과 함께 일하는 일꾼이다. 이러한 정체성을 반드시 기억해야 한다.

하나님과 동행하는 성도가 하나님의 일꾼이 될 때 세상의 관점에서 볼 때는 설명할 수 없는 일들을 경험한다. 아이러니하게도 하나님께 가까이 갈수록 설명할 수 없는 일들이 더 많이 발생한다. 이러한 일을 이해하기 위해서는 하나님이 목표로 하시는 것을 깨닫는 길밖에 없다. 세상적으로 봤을 때 바울은 예수님을 만나기 이전이 더 좋은 인생이었다. 하나님의 일꾼으로 부르심을 받았기에 그분의 손에 이끌려 가는 인생을 살아야만 했다. 그가 갈 수 있는 길은 하나님의 뜻을 찾는 길밖에 없었다.

우리는 자연계를 위해 어떤 날씨가 가장 좋은지 결정할 수 없다. 우리가 어떤 활동을 하기에 좋은 날씨라고 여기는 것들이 자연계를 위해서는 좋지 않은 날씨가 될 수 있다. 우리가 정말 피하고 싶은 나쁜 날씨가 자연계를 위해서는 가장 좋은 날씨일 수 있다. 마찬가지로 내가 좋아하는 상황과 하나님이 보시기에 나의 영혼을 위해 좋은 상황은 다를 수 있다. 어떤 상황이 가장 좋은지 우리는 잘 모르는 경우가 많다. 그것을 결정할 수도 없고 알 수도 없다. 하나님이 우리에게 주시는 상황이 어떠하든지 하나님의 뜻이 이루어지는 것을 목표로 해야 한다.

우리가 성령으로 거듭나면 그리스도께서 우리 안에 사신다. 그럴 때 그리스도께서는 우리 안에서 하나님의 뜻을 이루신다. 예수님이 이 땅에서 고난당하신 것은 무엇인가 잘못하셔서가 아니다. 하나님의 뜻을 따라 받으신 것이다. 고난을 통해 하나님의 뜻을 이루시려 한 것이다. 예수님은 이 땅에 계셨을 때처럼 이제는 믿는 우리 안에서 그때와 같은 입장으로 계신다.

그러므로 그리스도께서 우리 안에서 하나님의 뜻을 이루시려 할 때 우리는 고난으로부터 해방되는 것이 아니라 도리어 고난으로 인도함을 받게 된다. 우리는 이 고난을 언제까지 받게 되는가? 개인적인 야망을 완전히 포기하고 그리스도께서 내 안에 온전히 사시도록 내어 드리기까지 받게 된다. 내 안에 그리스도께 속하지 않은 모든 것이 죽을 때까지 받게 된다. 이제는 내가 사는 것이 아니요 오직 내 안에 그리스도께서 사시는 삶이 될 때까지 받게 된다.

그런데 그렇게 되면 고난이 사라지는가? 그렇지 않다. 다만 고난을 받는 나의 태도가 달라진다. 고난 속에서만 증거할 수 있는 은혜의 증거자가 된다. 고난을 통해서 하나님의 뜻을 이루는 통로가 된다. 고난을 통해 영광스럽게 나타나는 복음의 능력을 체험하게 된다. 그리스도께서 내 안에 사셔서 하나님의 뜻이 이루어지는 데 자신이 받는 고난과 함께 쓰임 받는 것을 기뻐하고 즐거워하게 된다.

그리스도를 위하여 너희에게 은혜를 주신 것은 다만 그를 믿을 뿐 아니라 또한 그를 위하여 고난도 받게 하려 하심이라

빌 1:29

오히려 너희가 그리스도의 고난에 참여하는 것으로 즐거워하라 이는 그의 영광을 나타내실 때에 너희로 즐거워하고 기뻐하게 하려 함이라 벧전 4:13

그리스도께서 우리 안에 사시면 우리는 고난받는 것을

이상하게 여기지 않게 된다. 은혜와 함께 고난받는 것을 당연하게 여기며 기뻐하고 즐거워하게 된다. 그 이유는 본문에서 바울이 고백한 하나님의 일꾼의 승리를 경험하기 때문이다.

적극적으로 고난의 자리로 나아가라

바울은 자신의 받은 고난의 목록을 나열한다. 아홉 개의 부정적인 항목들이다. 그리고 그 뒤에 이러한 고난을 어떤 태도로 상대하였는가에 대해서 아홉 개의 긍정적인 항목들을 나열한다. 그리고 마지막으로 부정적인 항목들이 긍정적인 항목들로 바뀐 역설적인 승리를 고백한다.

4-5절에는 바울이 받은 아홉 개의 고난 목록들이 나온다. 하나같이 많은 인내가 요구되는 고난들이다. 그중 환난, 궁핍, 곤란은 사역자로서의 일반적인 상황이다. 매맞음, 감옥에 갇힘, 난동은 사람들에 의해 의도적으로 가해진 상황이다. 이 여섯 가지는 외부에서 사람들에 의해 가해진 상황이다. 수고함, 자지 못함, 배고픔은 스스로 자초한 상황이다.

자신이 혼신의 힘을 다 쏟았기에 기진맥진함이 따라오는 것이다. 때로 사역을 하기 위해 잠을 자지 못하기도 하였지만 더 가능성이 높은 것은 '깨어서 기도하기 위해' 일부러 잠을 자지 않은 것이다. 또한 많은 여행 때문에 먹지 못하기도 하지만 영적인 이유 때문에 '금식'을 자주 하였기에 배고픔을 많이 경험하기도 하였다.

이러한 고난들을 바울이 어떤 영적 태도로 대하였는가를 아홉 가지로 설명한다.

깨끗함과 지식과 오래 참음과 자비함과 성령의 감화와 거짓이 없는 사랑과 진리의 말씀과 하나님의 능력으로 의의 무기를 좌우에 가지고 6:6-7

아홉 가지 영적 태도 중 깨끗함(순결함), 지식, 오래 참음, 자비함(친절함)은 내적인 태도다. 성령의 감화, 거짓 없는 사랑, 진리의 말씀, 하나님의 능력, 의의 무기는 외적인 태도다. 이들 영적 태도들은 모두 성령의 능력이다. 네 가지 내적인 태도와 네 가지 외적인 태도가 성령으로 연결된다. 이러한 태도가 가능하게 하는 원천이 성령님이시다.

순결	의도와 동기가 순수함
지식	복음에 대한 올바른 지식
오래 참음	원수들의 비방과 중상모략에 대하여 인내
친절	마음의 선함을 행동으로 나타냄
성령	성령의 임재와 능력과 은사와 열매
거짓이 없는 사랑	가식이 없는 순전한 사랑
진리의 말씀	진리의 복음
하나님의 능력	초자연적인 하나님의 역사
의의 무기	그리스도의 의로우심으로 사는 능력

바울이 당한 아홉 가지 고난에 대하여 바울이 대처한 아홉 가지 태도를 종합하면 고난에 대처하는 하나님의 일꾼의 올바른 자세가 나오는데, 한마디로 '성령 안에서 인내하라'이다. 성령님의 능력 가운데 자신의 죄성을 억제하고 은사와 열매를 힘입어 견고하게 인내하는 것이다. 외부적인 상황과 사람들에 의해 주어지는 고난에 수동적으로 대처하는 정도가 아니라 보다 적극적이고 자발적으로 고난받는 자리로 나아가는 태도이다.

하나님의 일꾼에게는
역설의 승리가 있다

고난 중에도 성령 안에서 인내하는 일꾼들에게는 반전의 승리가 일어난다.

영광과 욕됨으로 그러했으며 악한 이름과 아름다운 이름으로 그러했느니라 우리는 속이는 자 같으나 참되고 무명한 자 같으나 유명한 자요 죽은 자 같으나 보라 우리가 살아 있고 징계를 받는 자 같으나 죽임을 당하지 아니하고 근심하는 자 같으나 항상 기뻐하고 가난한 자 같으나 많은 사람을 부요하게 하고 아무 것도 없는 자 같으나 모든 것을 가진 자로다 6:8-10

바울은 영광과 모욕, 비난과 칭찬의 사역을 했다. 이는 예수님께서 받으신 것과 동일한 평가였다. 예수님도 모욕과 비난을 받으셨으나 영광스러운 사역을 행하셨다. 십자가의 복음도 역시 동일한 평가이다. 그리스도의 교회도 동일한 평가를 받아 왔다. 교회가 잘못하여 모욕받고 비난받아서는 안 되지만, 십자가의 복음 때문에 받는 모욕과 비난을 부끄러워해서는 안 된다. 바울은 복음을 부끄러워하지 말라

고 하였다. 자신이 갇힌 자가 된 것을 부끄러워하는 일꾼들에게 갇힌 자 된 나를 부끄러워하지 말라고 하였다.

바울은 자신이 경험한 하나님의 일꾼의 승리를 역설적인 수사학으로 표현한다.

"속이는 자 같으나 참되고"라고 했다. 비방하는 사람들에게는 바울이 '속이는 자'로 보였지만 실상은 '진실'하였다.

"무명한 자 같으나 유명한 자요"라고 했다. 그가 다소 출신의 바리새인으로는 유명하였지만 복음을 전하는 사도로서 그는 무명한 사람이었기에 사람들이 추천서를 보여 달라고 요구한 것이다. 바울은 정말 아무것도 아닌 자로 취급받았다. 그러나 당시에 그는 무명이었지만 교회 역사에서 예수님 다음으로 유명한 사람이 되었다.

"죽은 자 같으나 보라 우리가 살아 있고"라고 했다. 바울은 계속적인 죽음의 위험에 노출되어 왔다. 그러나 그는 기적적으로 죽음을 모면했다. 이런 실제적인 육체의 죽음의 의미만이 아니라 그는 영적인 의미에서 그리스도와 함께 날마다 죽음으로 그리스도의 생명으로 사는 부활의 삶을 살았다. 끊임없이 죽음에 직면했지만 죽음을 이기는 생명의 능력이 계속 나타난 것이다.

“징계를 받는 자 같으나 죽임을 당하지 아니하고”라고 했다. 징벌을 받는다는 단어 이면에는 하나님의 징계와 훈육이라는 의미가 담겨 있다. 바울은 고난으로 가득한 자신의 삶이 하나님의 사랑의 표시이며 축복하시기 위해서 징계하기도 하신다는 것을 믿었다.

“근심하는 자 같으나 항상 기뻐하고”라고 했다. 바울이 자신이 겪은 온갖 고난과 절망스러운 일들로 근심하는 것은 인간적이고 당연한 일이다. 동족 유대인이 그리스도로부터 떨어져 있는 것도 근심이고, 그가 개척하고 돌보던 교회들도 그의 근심의 원인이었다. 가장 큰 근심을 주었던 교회는 고린도교회였다. 그러나 이 모든 상황 가운데서도 그는 항상 기뻐했다. 그는 성도들에게 항상 기뻐하라고 권면하기 이전에 스스로 근심 가운데서도 기뻐했다.

“가난한 자 같으나 많은 사람을 부요하게 하고”라고 했다. 그는 세상의 기준으로는 가난한 사람이었으나 예수 그리스도를 아는 지식으로 인하여 많은 사람을 영적으로 부요하게 하는 사람이었다. 그리스도께서 스스로 가난하게 되심으로 하나님의 은혜로 우리를 부요하게 하신 성육신의 원리가 그의 삶의 비결이었다.

"아무 것도 없는 자 같으나 모든 것을 가진 자로다"라고 했다. 바울은 이 땅에서 아무것도 없는 사람 같지만 실상은 영원한 하늘에서 모든 것을 가진 사람이다. 진정으로 부요한 사람은 영원한 안전을 소유한 사람이다. 바울은 세상적인 조건으로는 사람들에게 주목받고 인정받을 수 있는 것들이 없었다. 그러나 그는 진정 중요한 것으로 '그리스도 안에 있는 사람'으로서 모든 것 되신 예수 그리스도를 소유하고 있었다.

이것이 그가 하나님의 일꾼으로 경험한 승리였다. 이 세상에서 아무것도 없는 사람은 실패자로 여겨진다. 그러나 그는 실패자가 아니라 승리자다. 그리스도 안에서 모든 것을 가진 사람이기 때문이다.

하나님의 뜻대로 하는 근심은 생명을 가져온다

고린도후서 7:8-16

성도들이 그리스도 안에서 하는 놀라운 영적 경험은 자신의 이기심을 넘어서 다른 사람들의 기쁨을 함께 기뻐하는 것이다. 다른 이들이 행복할 때 행복을 느끼고, 그들의 기쁨 속에서 함께 기뻐하는 것이다. 최고의 기쁨은 자신이 다른 이들이 구원에 이르게 되는 통로가 되기 위해서 어떤 고난도 이기며 기뻐하는 것이다.

바울은 고린도인들의 변화에 대한 소식을 듣고 이러한 기쁨을 경험한다. 바울은 디도를 통해 고린도인들이 회개하고 돌이키고 불의한 이들에 대한 올바른 조치를 하게 되었다는 소식을 듣게 되었다. 바울은 이 소식에 깊은 위로를 받았으며 또한 크게 기뻐하였다.

세상 근심과 하나님의 뜻대로 하는 근심

바울은 디도를 통해 매우 고통스러운 책망과 회개를 촉구하는 내용의 편지를 고린도교회 성도들에게 보냈다. 이 편지는 고린도전서와 고린도후서 사이에 쓴 편지로 바울이 보낸 세 번째 편지이다. 바울은 고린도전서를 전달하고 돌아온 디모데를 통해 고린도교회 성도들의 상황이 악화되었다는 소식을 듣고 두 번째로 고린도를 방문을 했고, 이 고통스러운 여정을 마치고 돌아와서 세 번째 편지를 보냈던 것이다.

> **내가 마음에 큰 눌림과 걱정이 있어 많은 눈물로 너희에게 썼노니 이는 너희로 근심하게 하려 한 것이 아니요 오직 내가 너희를 향하여 넘치는 사랑이 있음을 너희로 알게 하려 함이라** 2:4

그 편지를 성령님이 사용하셨다. 또한 바울이 보낸 디도라는 제자의 권면을 성령님이 사용하셨다. 그들은 디도가 전해 주는 바울의 메시지를 두렵고 떨리는 마음으로 받아들이고 순종하였다. 이 과정에서 디도도 큰 기쁨을 경험하였다. 그리고 소식을 전하는 디도가 기뻐하는 모습을 보고 바울은 더욱 기뻐하였다.

그런데 이러한 기쁨에 이르는 여정은 고통스럽다. 누군가 자신을 통해서 구원받는 기쁨을 누리기 위해서는 그 영혼이 참된 회개를 해야 하기 때문이다. 이 과정에서 반드시 경험하는 것은 '하나님의 뜻대로 하는 근심'이다. 다른 영혼이 '하나님의 뜻대로 하는 근심'에 이르도록 이끄는 것은 성령의 역사가 아니면 불가능하다. 그 성령의 역사에 통로가 되기 위해서는 자신 또한 '하나님의 뜻대로 하는 근심'을 동일하게 경험해야 한다.

디도가 이러한 변화의 소식을 바울에게 전해 주기까지 바울은 큰 근심 속에 있었다. 바울은 고린도를 방문한 디도가 돌아오기를 손꼽아 기다렸다. 그런데 어쩐 일인지 디도가 돌아오리라고 기대한 기간에 오지 않았다. 고린도인들이 바울의 메시지를 잘 받아들이지 않았는지, 혹은 여행 중 어떤 사고가 있었는지 당시로서는 전혀 알 방법이 없었기에 바울은 근심할 수밖에 없었다. 불신앙이 아니라 사랑과 관심에서 나온 근심이었다. 그리고 드디어 마게도냐에서 디도를 만나 기쁜 소식을 듣게 된 것이다.

이 근심의 기간 동안 바울은 걱정만 하고 있기보다 쉬지 않고 기도했을 것이다. 8절을 보면 때로 자신이 그들을 너무 심하게 책망하여 상심시킨 것은 아닐까 잠시 후회하기도 했다. 그러나 디도를 만난 후에 후회하지 않고 기뻐하게 되었다고 고백한다. 이는 자신이 그들을 세상적인 근심을 하게 한 것이 아니라 하나님의 뜻대로 하는 근심을 하게 하여 회개에 이르게 하였기 때문이라는 것이다.

그러므로 내가 편지로 너희를 근심하게 한 것을 후회하였으나 지금은 후회하지 아니함은 그 편지가 너희로 잠시만 근심하게 한 줄을 앎이라 내가 지금 기뻐함은 너희로 근심하게 한 까닭이 아니요 도리어 너희가 근심함으로 회개함에 이른 까닭이라 너희가 하나님의 뜻대로 근심하게 된 것은 우리에게서 아무 해도 받지 않게 하려 함이라 하나님의 뜻대로 하는 근심은 후회할 것이 없는 구원에 이르게 하는 회개를 이루는 것이요 세상 근심은 사망을 이루는

것이니라 7:8-10

바울은 자신의 편지가 고린도인들을 하나님의 뜻대로 근심하게 하여 결국 구원에 이르는 회개를 하게 되었다고 고백한다. 고린도인들의 변화 덕분에 바울은 큰 위로를 얻었다. 심부름 역할을 한 디도도 마음에 새로운 힘을 얻게 되었다. 그리고 바울은 그 디도를 보며 또한 더욱 기뻐하게 되었다.

바울과 디도가 고린도인들을 위해 행한 것은 결코 유쾌한 일이 아니었다. 기분 좋은 말은 하기 쉽다. 그러나 꼭 해야 할 말을 하는 것은 어렵다. 왜냐하면 기분이 상할 수 있기 때문이다. 더욱이 회개해야 할 죄 가운데 있는 이들에게 하나님의 뜻대로 하는 근심을 가지도록 인도하는 것은 더욱 어렵다. 그러나 바울은 그러한 일을 포기하지 않았다. 그냥 아무 문제 없는 것처럼 겉으로 보기에 좋게 지내며 기뻐하자고 말하는 것은 바울에게 있을 수 없는 일이었다. 바울이 믿었던 진리는 "서로가 하나님의 뜻대로 하는 근심을 촉진시켜 주는 것이 피차 마음의 새로운 힘, 즉 위로와 기쁨을 얻는 길이다"라는 것이다.

바울은 세상 근심과 하나님의 뜻대로 하는 근심을 비교한다. 세상 근심은 죽음을 가져오지만, 하나님의 뜻대로 하는 근심은 구원에 이르게 하여 생명을 가져온다. 이것은 하나님이 일으키시는 근심이 아니라 하나님의 뜻을 따라서 하는 근심이다.

세상 근심 (wordly grief)	하나님의 뜻대로 하는 근심 (Godly grief)
죄 자체가 아니라 죄가 가져온 결과가 자신의 이익을 손상시키기 때문에 슬퍼함	죄 자체를 미워하며 자신이 죄를 범했다는 사실 자체를 슬퍼함
자신에게 나쁜 결과가 돌아왔기 때문에 슬퍼함	다른 사람에게 끼친 나쁜 결과까지 슬퍼함
자신의 명예가 훼손된 것에 대하여 분노하고 보복하고자 함	자신의 불명예를 기꺼이 감당하고 책임 있는 행동의 변화를 취함
사례) 에서의 슬픔 : 장자의 축복을 가볍게 여긴 자신의 죄를 슬퍼하지 않고 권리를 잃은 것에 대하여 슬퍼하고 보복하려 함	사례) 다윗의 슬픔 : 시편 51편에 나타난 대로 정직하게 회개하고 자신의 죄를 슬퍼하고 돌이킴

(이상원, 《질그릇 안에 있는 보배》, p. 315-318 내용을 요약하여 정리함)

하나님의 뜻대로 하는 근심은 참된 회개를 하게 한다

이 시대는 초개인주의 사회로서 각자의 주장과 권리가 극대화되는 시대이다. 이러한 시대에 사람들을 자신의 죄와 직면하게 하고 회개로 인도하는 것은 매우 불편한 일이다. 심지어 죄를 지적하는 것을 '혐오'라는 단어로 풀이할 수도 있는 시대이다. 그러나 복음은 기쁜 소식이기 이전에 나쁜 소식을 포함한다. 하나님의 진노와 심판 아래 있는 인간의 상태라는 나쁜 소식을 정직하게 전하지 않으면 복음의 기쁜 소식은 이루어질 수 없다. 이 시대에 필요한 용기는 죄가 얼마나 심각하고 치명적인 것인지를 정직하게 전하는 것이다.

친구의 아픈 책망은 충직으로 말미암는 것이나 원수의 잦은 입맞춤은 거짓에서 난 것이니라 잠 27:6

오직 사랑 안에서 참된 것을 하여 범사에 그에게까지 자랄지라 그는 머리니 곧 그리스도라 엡 4:15

진실한 친구의 꾸지람이 필요한 시대이다. 우리가 머리

되시는 그리스도에게까지 자라나려면 서로에게 사랑 가운데 진리를 말해 줄 수 있어야 한다.

서로가 하나님의 뜻대로 하는 근심에 이르도록 이끌어 주지 않는다면 구원에 이르는 회개를 경험할 수 없다. 하나님의 진리에 따른 회개는 불순종을 깨뜨리고 어두움을 몰아내며 비전을 밝혀 주고 구원으로 인도한다. 하나님의 뜻대로 하는 근심을 통과하지 않는다면 진정한 위로와 기쁨과 마음의 새로운 힘을 경험할 수 없다.

바울은 고통스럽지만 고린도인들이 하나님의 뜻대로 하는 근심에 이르도록 편지와 디도를 통해 사랑 가운데 진리를 말하였다. 그래서 고린도인들은 변화되었고, 그 결과 위로와 기쁨을 경험하게 되었다. 이러한 바울의 영적 태도를 우리는 본받아야 한다. 이는 누군가를 하나님의 뜻대로 근심에 이르게 하는 데 필요한 영적 태도이다.

첫째, 정죄하는 태도가 아니라 연합하는 태도이다.

내가 이 말을 하는 것은 너희를 정죄하려고 하는 것이 아니라 내가 이전에 말하였거니와 너희가 우리 마음에 있어 함께 죽고 함께 살게 하고자 함이라 7:3

바울은 정죄가 목적이 아니었다. 만일 고린도인들이 정죄받아야 한다면 바울은 자신도 그들과 함께 정죄받기를 원했다. 바울은 그들과 생사를 같이하는 사랑으로 연합하기를 원했다.

둘째, 신뢰와 자랑을 표현하는 태도이다.

> 나는 너희를 향하여 담대한 것도 많고 너희를 위하여 자랑하는 것도 많으니 내가 우리의 모든 환난 가운데서도 위로가 가득하고 기쁨이 넘치는도다 7:4

> 내가 그에게 너희를 위하여 자랑한 것이 있더라도 부끄럽지 아니하니 우리가 너희에게 이른 말이 다 참된 것 같이 디도 앞에서 우리가 자랑한 것도 참되게 되었도다 7:14

바울은 자신을 대적하고 공격하는 고린도인들에게도 계속적인 신뢰를 포기하지 않았다. 심지어 사태를 수습하기 위해 보내는 디도에게도 고린도인들을 자랑했다. 디도가 그들을 대할 때 부정적인 관점으로만 대하지 않도록 그들에게서 자랑할 것을 찾아 말해 준 것이다. 그리고 디도가 돌아와 그들의 변화된 모습을 보고했을 때 그 자랑이 사실임이 확인되어서 바울은 너무 기뻤던 것이다.

미국에서 목회할 때 함께 일하는 리더십 중 내 마음을 힘들게 하는 분이 있었다. 다른 성도님이 그걸 어떻게 아시고 그분이 힘들게 하지 않느냐고 나에게 물어 왔다. 솔직히 그때 내가 원한 것은 그분이 나를 힘들게 한 내용들을 속 시원하게 다 말하면서 함께 그 리더십에 대하여 부정적인 담화를 나누는 것이었다. 그런데 그 순간 성령님이 내 입을 막으시고 그분의 장점을 말하게 하셨다. 어떤 사람이든 단점만 있지 않기에 그분의 장점을 자랑하듯 말하게 되었다. 나도 왜 그렇게 답변하였는지 잘 모를 정도였다. 그런데 또 다른 분이 같은 질문을 해 왔다. 나는 이전과 같은 내용으로 답변하였다. 그런데 내가 성도님들에게 했던 말들이 그 리더십에게 전해졌다. 내가 도리어 자신에 대하여 좋게 이야기하는 것을 듣고 마음에 가책을 느꼈다고 했다. 이후 그분은 나와 협력해 주는 리더십이 되었다.

그렇다면 바울이 디도에게 고린도인의 무엇을 자랑하였을까? 사실 비판할 것이 더 많았을 텐데 바울은 그들의 장점과 자랑할 수 있는 것을 디도에게 전해 주었다. 그리고 그것

이 사실이라는 것이 증명되었을 때 그는 매우 기뻐했다.

셋째, 변화의 때를 기다리는 태도이다.

그러나 낙심한 자들을 위로하시는 하나님이 디도가 옴으로 우리를 위로하셨으니 그가 온 것뿐 아니요 오직 그가 너희에게서 받은 그 위로로 위로하고 너희의 사모함과 애통함과 나를 위하여 열심 있는 것을 우리에게 보고함으로 나를 더욱 기쁘게 하였느니라 7:6-7

비울이 디도가 돌아와 위로를 받은 것은 그와의 재회 때문만은 아니다. 더 중요한 것은 디도를 통해 고린도교회의 변화의 소식을 기다렸던 것이다. 그가 얼마나 간절히 기다렸는가 하면 에베소에서 드로아로 가서 사역의 문이 열렸지만 집중하지 못할 정도였다. 바울은 디도의 보고를 통해 그들이 확실하게 하나님의 뜻대로 근심하였다는 증거를 확인하였다. 그 증거의 일곱 가지 목록이 11절에 나온다.

보라 하나님의 뜻대로 하게 된 이 근심이 너희로 얼마나 간절하게 하며 얼마나 변증하게 하며 얼마나 분하게 하며 얼마나 두렵게

하며 얼마나 사모하게 하며 얼마나 열심 있게 하며 얼마나 벌하게 하였는가 너희가 그 일에 대하여 일체 너희 자신의 깨끗함을 나타내었느니라 7:11

여기서는 회개의 모습을 표현하는 헬라어 단어인 '알라'(그 이상, 더, 게다가)가 여섯 번 등장한다.

얼마나 간절한가	깊은 관심으로 이 일을 신속하게 이루고자 열망하는 태도
얼마나 변증하게 하며	자신들의 잘못을 인정하고 용서를 비는 태도
얼마나 분하게 하며	그들 스스로를 원인자로 여겨 자신에 대하여 분노함
얼마나 두렵게 하며	하나님을 두려워함
얼마나 사모하게 하며	복음을 전해 준 바울과 다시 사랑의 관계를 회복함
얼마나 열심 있게 하며	잘못된 것을 고치기를 원하는 열심
얼마나 벌하게 하며	범죄한 자가 스스로 자신이 책임 있는 벌을 받기 원함

바울의 편지와 디도의 방문은 고린도인들을 하나님의 뜻대로 근심하게 하여 회개로 인도하였다. 바울과 고린도인들은 서로 화해했고, 서로의 신뢰를 회복했다. 바울과 디도는 이 과정을 통하여 마음의 새로운 힘을 얻었다.

서로가 하나님의 뜻대로 하는 근심을 촉진시켜 주는 것

이 피차 위로와 기쁨을 얻는 길이다. 복음 안에서 믿음으로 사는 것은 문제가 전혀 없는 삶이 아니라, 문제를 사랑과 진리 안에서 해결해 가는 삶이다. 하나님의 뜻대로 근심함으로 참된 회개에 이르는 삶이다. 서로가 서로에게 세상 근심은 잊게 하고 하나님의 뜻대로 하는 근심에 집중하게 하는 삶이다.

위로와 기쁨은 세상 근심을 통해서는 얻을 수 없다. 오직 하나님의 뜻에 합당한지에 대하여 근심을 집중할 때만 얻을 수 있다.

그리스도께 사로잡힌 인생이 가장 자유롭다

고린도후서 10:1-5

바울이 대적자들을 어떤 태도로 대하고, 그들을 올바로 회복시키기 위하여 어떤 교훈을 하였는지는 곧 복음을 어떻게 전하고 나타냈는지를 나타내는 것이기도 하다.

첫째, 그는 대적자들의 여러 부당한 공격에도 낙심하거나 포기하지 않았다. 스스로 복음 전하는 직분을 만든 것이 아니라 명백하게 하나님의 부르심을 받은 것이기 때문이다. 자신을 전파하는 것이 아니라 그리스도 예수께서 주 되신 것과 예수님 때문에 자신이 종 됨을 전파하는 것이기 때문이다. 예수님 때문에 죽음에 넘겨지는 것은 예수님의 생명이 자신 안에 나타나는 것이기에 고난을 영광으로 여겼기 때문이다.

둘째, 그는 대적자들에게 하나님과 화목하는 일이 우선적인 일임을 가르쳤다. 모든 관계의 실패 이면에는 하나님과의 잘못된 관계가 있다. 바울은 우리가 그리스도 안에서 새로운 피조물이 되었으며 예수 그리스도를 통하여 하나님과 화목하게 되었다는 복음을 전하였다. 하나님과 화목하게 된 이들에게는 또한 화목하게 하는 직분이 맡겨진다. 바울은 고린도 사람들 안에 '화목의 영'이 임하여 자신을 포함한 모든 관계에 화목의 은혜가 임하기를 원했다.

잘못된 것에 대해서는 강경하고 단호하게

10장에 이르러 부드러웠던 바울의 어조는 강경하게 변화한다. 디도를 통해 변화에 대한 소식을 듣고 위로를 얻고 회복되는 분위기에서 이제 단호하고 통렬한 어조로 태도의 온전한 변화를 요구한다. 이러한 어조의 변화 때문에 일부

주석가들은 10-13장이 7장에서 말한 눈물로 쓴 엄한 훈계의 편지이거나 그 일부일 것이라고 주장하기도 한다. 그래서 10-13장이 1-9장보다 앞서 쓰여진 편지였고, 이 부분을 디도를 통해 먼저 보내어 변화가 일어나니까 위로를 얻고 관계 회복을 경험하였다고 해석하는 것이다.

그러나 편지의 어조가 갑자기 달라지는 것을 근거로 상황을 재구성하고 고린도후서가 후대에 현재처럼 재편집되었다고 해석할 필요는 없다. 대개 편지를 쓸 때 앞에서는 부드럽게 말하고 나중에 단호한 책망과 경계를 쓸 수도 있는 가능성이 얼마든지 있기 때문이다.

앞서 7장 16절에서 이제 바울이 고린도교회 성도들을 전적으로 신뢰할 수 있게 되었다고 말하기도 하였지만, 이 말이 문제가 다 해결되었다는 뜻은 아니다. 올바른 흐름으로의 전환은 이루어졌지만, 고린도교회 안에 바울의 질책과 경고를 받을 만한 문제들은 여전히 있었다. 그것은 바울이 '육체를 따라 행한다'고 생각하는 사람들이 여전히 있었기 때문이다. 바울은 이들을 엄하고 강경하게 대하려 한다.

너희를 대면하면 유순하고 떠나 있으면 너희에 대하여 담대한 나

> 바울은 이제 그리스도의 온유와 관용으로 친히 너희를 권하고 또한 우리를 육신에 따라 행하는 자로 여기는 자들에 대하여 내가 담대히 대하는 것 같이 너희와 함께 있을 때에 나로 하여금 이 담대한 태도로 대하지 않게 하기를 구하노라 10:1-2

바울은 자신을 비방하는 자들을 "우리를 육신에 따라 행하는 자로 여기는 자들"이라고 말했다. 즉 대적자들이 바울을 '세상적 방식으로 행하는 자'라고 비판했음을 알 수 있다.

첫째, 대적자들은 바울이 여행 계획을 변경한 것에 대하여 신뢰할 수 없는 거짓말쟁이라고 했다.

> 너희를 지나 마게도냐로 갔다가 다시 마게도냐에서 너희에게 가서 너희의 도움으로 유대로 가기를 계획하였으니 이렇게 계획할 때에 어찌 경솔히 하였으리요 혹 계획하기를 육체를 따라 계획하여 예 예 하면서 아니라 아니라 하는 일이 내게 있겠느냐 1:16-17

둘째, 대적자들은 바울에게 추천서가 없는 것에 대하여 사도로서 무자격자라고 판단했다. 바울은 거기에 자신의 추천서는 고린도교회 성도들이요, 또한 그들은 그리스도의 편지라고 했다.

셋째, 대적자들은 예루살렘교회를 위한 구제헌금 모금해 대하여 바울은 간교한 속임수로 사익을 취하는 위선자라고 했다. 바울은 8-9장에서 예루살렘 교회를 위한 구제헌금 모금에 고린도인들도 적극적으로 참여할 것을 권면했다. 그 일은 1년 전부터 논의된 것인데, 그것을 은혜롭게 성취하라고 교훈했다. 마게도냐교회가 극한 가난에도 불구하고 넘치는 헌금을 하였다는 사례까지 들면서 자원하는 마음으로 마무리를 잘하라고 권면했다. 바울이 이러한 오해를 받으면서도 예루살렘 교회를 위한 구제헌금에 대하여 강하게 권면한 것은 그가 하나님 앞에서 정직하고 신실하다는 것을 보여주는 것이기도 하다.

넷째, 대적자들은 바울이 만날 때는 부드럽지만 편지로는 강경한 것에 대하여 상황에 따라 태도가 다른 이중인격자라고 했다. 바울은 그런 부정적 평가의 말을 이용하여 자신을 변호했다. 당신들이 나더러 만나서는 아주 유순하게 대하고는 떨어져 있으니 매우 강경하게 비판한다고 말하는데, 그것은 '그리스도의 온유와 관용'을 내가 본받으려고 하는 것이라고 설명한다. 바울은 자신이 직접 만날 때도 강경한 입장이 되지 않도록, 고린도 교인들이 스스로 성숙의 길을 선택할 수 있도록 온유와 관용으로 인내하며 기다려 주었다. 즉 바울이 고린도를 세 번째로 방문하려고 하는데, 바울이 가기 전에 이 모든 문제가 해결되지 않으면 직접 해결해야 했기에 그런 일이 일어나지 않기를 바란다는 의미로 한 말이다.

한편 바울은 무서운 경고도 한다. 그들의 순종이 온전하게 됐을 때 순종치 않는 사람들에게는 벌이 있을 것이라고 경고한다.

> **너희의 복종이 온전하게 될 때에 모든 복종하지 않는 것을 벌하려고 준비하는 중에 있노라** 10:6

인간의 생각은
교만의 견고한 요새에 갇혀 있다

바울은 육체를 입고 살지만 육체를 따라 싸우지 않는다고 말한다.

우리가 육신으로 행하나 육신에 따라 싸우지 아니하노니 10:3

육체는 옛 사람의 타락하고 부패한 습성들을 의미한다. 바울은 지금 육체를 따라 일하고 있지 않고 도리어 하나님이 부여해 주시고 인정해 주시는 영적 무기를 가지고 싸우고 있다고 말한다.

우리의 싸우는 무기는 육신에 속한 것이 아니요 오직 어떤 견고한 진도 무너뜨리는 하나님의 능력이라 모든 이론을 무너뜨리며 하나님 아는 것을 대적하여 높아진 것을 다 무너뜨리고 모든 생각을 사로잡아 그리스도에게 복종하게 하니 10:4-5

바울은 고린도인들이 도리어 육체를 따라 행하고 있음을 지적하며 그들이 육체를 따르는 것은 하나님을 아는 지식에 대적하는 궤변과 주장에 사로잡혀 있는 것에 기인한다고 설명한다. 바울은 겉으로 나타난 문제 이면에 보다 더 깊은 영적인 문제를 파헤친다. 그것은 마치 견고한 요새와 같아서 육체에 속한 것으로는 무너뜨리지 못한다. 오직 하나님의 능력만이 그들의 생각을 사로잡고 있는 사탄의 견고한 요새를 무너뜨릴 수 있다. 그들의 생각이 그리스도께 사로잡혀야 해결된다.

첫째, 생각의 견고한 요새를 무너뜨려야 한다. 사람들은 스스로 어떤 생각을 하든 자유라고 여긴다. 그런데 실제로 사람들의 생각은 하나님을 아는 지식을 대적해서 스스로 높아진 모든 주장들에 매여 있다. 이러한 주장들은 사탄의 '견고한 요새'가 되어서 사람들을 가두어 버렸다. 이러한 견고한 요새는 각 시대와 문화 속에서 사상과 세계관으로 형성되어 있다. 스스로 자유롭게 생각한다고 하지만 실상은 죄와 사탄의 권세로 말미암아 복음을 대적하는 생각들이 견고한 진을 치고 있는 것이다.

복음이 사람의 마음에 침투하려고 할 때 사람들이 가진 편견이라는 견고한 요새를 만난다. 주변에서 보고 들은 것의 일부분으로 전부를 생각하는 편견이 요새처럼 가로막는다. 심지어 성경에 대하여도 이미 다 알고 있는 것처럼 생각한다. 무지와 편견과 무관심으로 가득차 있다.

이성과 과학으로 모든 것을 다 알 수 있다고 생각하는 교만도 견고한 요새이다. 천문학자라고 우주의 원리를 다 알고 있다고 생각하고, 의학자라고 신체의 원리를 다 알고 있

다고 생각하고, 생물학자라고 생명의 원리를 다 알고 있다고 생각하고, 물리학자라고 지구의 신비를 다 알고 있다고 생각하고, 신학자라고 하나님을 다 안다고 생각한다면 교만의 견고한 요새에 갇혀 있는 것이다.

우리는 인간의 이성 위에 있는 실체를 인정해야 한다. 인간의 이성은 최고 권위가 될 수 없다. 이성 위에 계시가 존재한다. 이성은 하나님이 계시하신 진리의 권위에 복종해야 한다. 하나님을 아는 지식을 대적하여 스스로 높아진 생각의 견고한 요새를 무너뜨리는 것은 인간의 이성으로는 불가능하다. 오직 하나님의 진리의 말씀의 능력만이 가능하다. 계시된 하나님의 말씀이 곧 하나님의 능력이다. 그 하나님의 능력으로 우리 안에 있는 견고한 생각의 요새들을 무너뜨려야 한다.

둘째, 모든 생각을 사로잡아 그리스도께 복종시켜야 한다. 5절 말씀을 이성의 자유를 말살하라는 명령으로 오해해서는 안 된다. 이것은 도리어 진정 이성의 자유를 누리는 길이다. 여기서 '생각'이라고 번역된 헬라어 단어에는 '마음에서 나오는 모든 것'이라는 의미가 있다. 그리스도께서 마음에 주님으로 임하시면 그 마음에서 나오는 모든 것이 그리스도께 복종 되어야 한다.

그런데 예수님을 주님으로 인정하는 것을 거부하는 생각들이 일어난다. 의심하고, 부정하고, 반항하고, 대적하는 생각들도 일어난다. 예수님은 우리의 구세주(savior)이시며 또한 주님(lord)이시다. 예수 그리스도에 대한 온전한 복종은 우리의 개성과 의지를 말살하는 것이 아니라 도리어 개성을 활짝 피게 하고 자유의지를 더욱 풍성하게 만든다. 그리스도의 권위 아래 온전히 순종할 때 비로소 진정한 자신을 찾는다.

진정한 자유는 하나님께 사로잡히는 것이다

그리스도인이란 그리스도의 권위 아래서 자유를 누리는 사람들이다. 어떤 권위가 참된 권위인가 아닌가를 평가할 수 있는 기준은 따르는 자들에게 자유를 보장하는 가이다. 참된 권위는 참된 자유를 보장한다. 따르는 자들에게 자유를 보장하지 않는 권위는 권력이며 횡포이다. 하나님의 권위가 참된 권위인 것은 인간을 자유로운 존재로 창조하셨기 때문이다.

사람들은 오직 한 가지 권위 곧 하나님의 진리의 권위 아래 있을 때에만 자유롭다. 만일 생각이 거짓을 믿는다면 자유로울 수 없고 사람들이 거짓과 망상에 빠져 있기에 자유를 누리지 못한다. 생각은 진리를 믿고 따를 때에만 자유롭다.

하나님은 아담과 하와에게 에덴동산에 있는 모든 실과를 마음대로 먹을 수 있는 자유를 주셨지만 동산 중앙에 있는 한 나무의 과실은 먹지 못하도록 금지하셨다. 그 한 가지 명령은 인간의 행복을 제한하는 것이 아니라 행복을 지켜주고 인간이 자유를 계속 누릴 수 있게 하시기 위한 목적으로 주어진 것이었다. 그 한계를 지키고 온전히 복종하는 한 인간은 자유로울 수 있었다. 마치 운동선수가 경기규칙을 지킴으로서 경기에 계속 참여할 수 있듯이 그 한계를 지키는 인간은 맡겨진 엄청난 자유와 특권을 누릴 수 있다.

그런데 아담과 하와는 자신들을 제한하는 단 한 가지 규칙이 있다는 것에 마음이 불편했다. 그들은 이렇게 생각했다.

"이 규칙이 존재하는 한 우리는 결코 자유롭지 못하다.

우리가 자유하다면 이 규칙으로부터도 자유로워져야 한다."

아담과 하와가 이런 생각을 하도록 북돋운 존재가 있다. 그는 타락한 천사였다. 그도 같은 생각을 했기 때문이다. 그에게는 인간과는 달리 공간을 초월할 수 있는 자유도 주어졌다. 그러나 그는 자신을 통제하는 하나님이 있는 한 자유롭지 못하다고 생각했다.

"내가 진정 자유로워지려면 하나님을 떠나야 한다."

그들은 하나님의 권위 아래 복종하는 것이 구속이요 억압이라고 생각했다. 결국 그는 하나님을 떠났고 지금까지 하나님으로부터 독립적으로 살아가려는 사람들의 후원자로 일하고 있다. 그들은 하나님이 정하신 규칙을 깨뜨리면 자유인이 될 것이라고 생각했으나 오히려 종이 되었다. 생각을 하나님의 권위 아래에 두지 않았기 때문이다. 아담과 하와 이후 모든 인간은 결코 자유를 누리지 못하고 있다. 생각에서부터 자유를 잃어버리고 본능에 갇혀 살고 있다.

창조주 하나님을 사랑하고 순종하며 살아가야 하는 인간의 한계를 거부하는 것이 자유인 줄 알았지만 도리어 자유를 잃어버린 것이다. 자유를 무엇으로부터 벗어나는 것으로만 알았기 때문이다.

진정한 자유란 무엇으로부터(from) 벗어나는 것이 아니다. 무엇을 향하고(to) 있는가의 문제다. 그러므로 내가 진정 자유를 누리며 살고 있는가를 알려면 어떤 것을 "할 수 있느냐?"가 아니라 어떤 것을 "멈출 수 있는가?"를 보면 된다.

스스로의 힘으로 자유로워질 수 없는 우리를 예수 그리스도께서 십자가로 구속하셨다. 이로써 우리는 다시 자유로워질 수 있는 길을 선물 받았다. 이제 우리는 모든 생각을 사로잡아 그리스도께 복종해야 한다. 이것은 저절로 되지 않는다. 사로잡아 복종시켜야 한다.

생각의 전쟁에서 승리하는 길은 모든 생각을 그리스도께 복종시키는 길뿐이다. 그리스도께서 우리의 마음의 생각들을 사로잡으실 때는 성을 정복한 왕이 그 성의 포로들을 이끌고 가서 정복자의 승리를 누린 것처럼 우리 마음의 생각들을 포로로 사로잡는다. 찰스 스펄전(Charles Haddon Spurgeon)은 이러한 상태를 '복된 노예 상태'라고 표현하였다.

예수께 사로잡힌 포로의 생각은 모든 일에 "나의 주 예수님께서는 어떻게 생각하시는가?" 질문하면서 그분의 판단을 구하고 그 권위 아래 온전히 복종하는 것이다. 우리의 생활 가운데 이 만큼은 신앙적이어야 하고 이 만큼은 세속적이어도 된다는 판단은 아주 잘못된 생각이다.

'어떤 생각'이 아니라 '모든 생각'이 머리를 숙이고 그리스도께 복종해야 한다. 사업과 관련된 문제들도 그리스도께 복종된 생각으로 판단하고, 자녀를 양육하거나 무슨 일을 할 때에도 모든 생각을 사로잡아 그리스도께 복종시켜야 한다. 말씀과 성령의 능력이 이 일을 행하신다. 말씀과 성령의 능력에 우리 자신을 내어드릴 때 모든 생각이 그리스도께 사로잡힌 포로가 된다. 바로 그때 우리는 가장 자유로운 삶을 누리게 된다.

그리스도의 주재권을 온전히 인정하고 자신을 부인하고 그리스도를 따르는 삶은 가장 자유로운 삶이다. 그리스도께 온전히 매인 인생이 가장 자유로운 인생이다. 그리스도를 떠나서는 아무것도 할 수 없다고 고백하는 사람이 그리스도 안에서 모든 것을 할 수 있는 자가 되는 것이다.

모든 생각을 그리스도께 복종한다면 말할 수 없는 고난의 환경 속에서도 참되고 거룩한 경배를 드릴 것이다. 최고 권세자의 위치에 있는 자라 할지라도 하나님의 영광을 가리는 일은 결코 행하지 않을 것이다. 어떤 회의실에서도 예수님의 뜻에 어긋나는 결정은 하지 않을 것이고, 가장 자유로운 사상과 지식인이라 할지라도 예수님의 생각과 반대되는 생각은 하지 않을 것이다. 뛰어난 과학자도 교만하지 않고 예수님의 통치 아래 순종하여 인류를 위해 참되게 기여하는 일만 할 것이다.

모든 주장과 생각을 그리스도의 권위 아래 굴복시키려는 이들에게 하나님의 능력은 충만하게 임할 것이다.

나의 무가치함을 자랑할 때 하나님이 드러난다

고린도후서 10:12-18

'악화惡貨가 양화良貨를 구축驅逐한다.

The bad money drives out the good money.'

영국의 무역상이자 엘리자베스 1세의 재정 고문이었던 토마스 그레샴(Thomas Gresham)이 1588년 여왕에게 올렸던 재정에 대한 충고를 담은 서한에서 나온 말이다. 당시에 영국을 비롯한 유럽에는 지폐가 없었고 화폐는 은화(銀貨) 아니면 동화(銅貨)였다. 왕은 재정상의 궁핍을 덜기 위하여 명

목가치(face value)와 실질가치(real value)가 같은 은화뿐 아니라 실질가치가 현저히 떨어지는 동화도 발행하여 함께 유통시켰다. 그 결과 양화(良貨)인 은화는 자취를 감추고 악화(惡貨)인 동화만 시중에 유통되었다. 결국 적정량의 화폐가 유통되지 못했고 경제는 다시 어려움을 겪게 되었다. 이러한 현상에서 "그레샴의 법칙"(Gresham's Law)이라고 하는 용어가 나왔다.

그레샴의 법칙은 이 시대에 이르러 경제 현상만 설명하는 법칙이 아니라 사회의 일반적인 현상을 설명하는 말로 확대되어 사용된다. 능력이 많고 정직하며 의롭고 선량한 사람이 도리어 도태되고, 능력 없고 부정하고 교활한 사람이 자리를 차지하고 득세하는 현상을 가리킨다. 그레샴의 법칙이 적용되는 조직에서는 자신을 잘 포장하여 자랑하는 사람이 영향을 미치고, 겸손히 자신에게 맡겨진 일을 성실하게 잘 감당하나 자신을 포장할 줄 모르는 사람은 점점 사라져 간다.

그레샴의 법칙은 교회에도 예외 없이 나타난다. 바울이 고린도교회를 통해 겪고 있는 고난은 바로 악화가 양화를 구축한 대표적인 사례이다. 겸손과 온유로 영혼들을 사랑하며 세상의 헛된 것을 자랑하지 않았던 바울을 대적하여 그 영향력을 제거하려 하고, 거짓으로 자신을 포장하여 자랑하던 이들이 고린도교회에 대한 영향력을 가지게 된 경우이다.

바울은 그레샴의 법칙이 고린도교회에 나타나는 것을 허용할 수 없었다. 그는 악화를 내쫓기 위한 싸움에 뛰어들었다. 이 싸움은 때로 자신을 더럽힐 수 있었다. 바울은 거짓을 무기로 공격하는 이들과 싸우고 있는 것이다. 이러한 무리와 싸울 때는 비둘기처럼 순결하면서도 뱀처럼 지혜로워야 한다. 순결한 사람이 때로 악한 이들에 의해 내쫓음을 당하는 것은 뱀처럼 지혜롭지 못하기 때문이다.

주 안에서 자랑하라

바울은 거짓된 무리들의 영향력을 끊기 위해 비둘기의 순결함을 지키면서도 뱀의 지혜를 사용하여 자신을 악화의 모양으로 포장하여 어리석어 보이는 자기 자랑을 하게 된다. 바울은 자신을 자랑하는 것이 어리석은 일인 줄 잘 안다. 그래서 하고 싶지 않았다. 그런데 지금 부득이 해야만 하는 상황이다. 자랑이라는 단어는 신약에서 59회 사용되었는데 그중 55회가 바울서신에 나온다. 바울이 가장 많이 사용한 단어이다. 바울은 자신을 자랑하는 것이 어리석은 일로 보일 것을 잘 알았기에 여러 번 자신은 원치 않는 일이고 어쩔 수 없이 하는 것임을 표현한다.

> 원하건대 너희는 나의 좀 어리석은 것을 용납하라 청하건대 나를 용납하라 11:1

> 내가 다시 말하노니 누구든지 나를 어리석은 자로 여기지 말라 만일 그러하더라도 내가 조금 자랑할 수 있도록 어리석은 자로 받으라 11:16

> 나는 우리가 약한 것같이 욕되게 말하노라 그러나 누가 무슨 일에 담대하면 어리석은 말이나마 나도 담대하리라 11:21

> 내가 부득불 자랑할진대 내가 약한 것을 자랑하리라 11:30

이렇게 자랑하는 것이 어리석은 사람으로 보이는 일임

에도 불구하고 부득불 할 수밖에 없는 이유는 무엇인가? 진짜 어리석은 사람들의 어리석음을 드러내기 위해서이다.

미련한 자의 어리석은 것을 따라 대답하지 말라 두렵건대 너도 그와 같을까 하노라 미련한 자에게는 그의 어리석음을 따라 대답하라 두렵건대 그가 스스로 지혜롭게 여길까 하노라 잠 26:4-5

스스로 지혜롭다 여기는 대적자들의 어리석음을 드러내기 위해 잠시 어리석은 척을 하는 것이다. 자신의 어리석은 자랑을 통해 대적자들의 거짓된 자랑을 드러내려 하는 것이다. 어리석은 사람의 모습을 취함으로써 대적자들의 어리석은 자랑을 무너뜨리고 때로 우화적으로 조롱하면서 고린도 교인들이 그들을 따르는 것이 얼마나 어리석은 일인가를 교훈하는 것이다.

그래서 바울은 대적자들과 자랑의 대결을 한다. 자신이 히브리인, 아브라함의 자손임을 자랑하고 그리스도의 일꾼이라고 자랑하는 대적자들에 대하여 바울도 그들 이상으로 자랑할 것이 많은 사람이라고 맞선다. 이 상황을 대하면서 하나님이 바울에게 주신 구약의 말씀이 있다.

여호와께서 이와 같이 말씀하시되 지혜로운 자는 그의 지혜를 자랑하지 말라 용사는 그의 용맹을 자랑하지 말라 부자는 그의 부함을 자랑하지 말라 자랑하는 자는 이것으로 자랑할지니 곧 명철하여 나를 아는 것과 나 여호와는 사랑과 정의와 공의를 땅에 행하는 자인 줄 깨닫는 것이라 나는 이 일을 기뻐하노라 여호와의 말씀이니라 렘 9:23-24

바울은 이 말씀을 간략하게 요약하여 기록하였다.

자랑하는 자는 주 안에서 자랑할지니라 10:17

바울이 구약의 이 말씀을 인용하는 이유는 이런 의미이다.

"내가 지금 어리석어 보이는 자랑을 하지만 그것은 나의 지혜와 나의 힘과 나의 부를 자랑하는 것이 아니라, 하나님이 오직 자랑하라고 하신 것들을 자랑하는 것이다. 그러므로 나의 자랑은 곧 주 안에서 하는 것이다."

바울은 실제로 어리석은 자랑을 하지 않았다. 세상적인 기준으로 자신을 자랑한 것이 아니다. 그 목적이 철저히 자신의 유익이 아니라 예수 그리스도의 복음과 교회를 지키고 세우기 위한 것이었다. 바울의 자랑은 주 안에서 한 것이다.

하나님께서 맡기지 않은 것을 자랑하지 않았다

바울의 자랑이 주 안에서 한 것임을 나타내는 증거가 10장과 11장에 걸쳐 세 가지 이유로 고백된다.

첫째, 바울은 오직 복음을 전파하기 위하여 하나님이 정해 주신 분량 안에서 자랑하였다.

> **그러나 우리는 분수 이상의 자랑을 하지 않고 오직 하나님이 우리에게 나누어 주신 그 범위의 한계를 따라 하노니 곧 너희에게까지 이른 것이라** 10:13

> **이는 남의 규범으로 이루어 놓은 것으로 자랑하지 아니하고 너희 지역을 넘어 복음을 전하려 함이라** 10:16

바울은 자기가 고린도로 가서 사역한 것은 하나님이 정

해 주신 분량 안에서 이루어진 것이라고 고백한다. 여기서 분량(canon)이라는 단어는 '기준'이라는 뜻이다. 바울에게 주신 사역의 기준은 '이방인의 사도'로 부르신 소명이다. 바울은 복음 안에서 이러한 소명을 따라 고린도로 나아간 것이고, 그들이 복음 안에서 믿음이 자라나 고린도 지역 너머까지 복음이 전파되는 일에 쓰임받기를 원하였다.

바울의 대적자들은 하나님이 바울에게 정해 주신 지역 안으로 침입해 들어온 것이다. 갈라디아서 2장에 보면 베드로, 야고보, 요한은 유대인을 중심 대상으로 사역하고, 바울과 바나바와 디도는 이방인을 중심 대상으로 사역하기로 결정하였다. 사역의 중요한 기준을 정한 것이다. 또 바울과 바나바 그리고 바울의 조력자인 실라와 디모데, 디도 등과도 중요한 사역의 기준과 원칙을 서로 공유하며 사역했다. 어느 한 지역에 들어가 사역할 때 세운 기준들을 서로 존중한 것이다. 바울이 개척한 지역에 또 다른 사람이 와서 사역하기도 하고, 또 지역을 서로 나누어 사역하기도 하였다.

초기 한국에 온 서구 선교사들은 교단별로 각기 다른 지역을 담당하며 복음을 전하였다. 그리고 각 지역에서 앞선 선교사들이 세운 기준들을 서로 존중하는 매우 성숙한 모습

을 보였다. 바울의 대적자들은 틀림없이 유대인들로서 베드로와 야고보처럼 유대인을 중심 대상으로 하는 기준을 가지고 이방인 지역에 적용하려고 했다. 그들은 하나님이 정해 주신 분량의 범위를 넘어서 바울이 놓았던 사역의 기초를 무너뜨리고 있었던 것이다.

그들은 고린도가 마치 자신들에게 주어진 지역인 것처럼 여기며 바울을 훼방했다. 그들은 스스로 기준을 만들어 그 기준에 자신들이 합당하다고 여기고 스스로를 자랑하며 자화자찬했다. 바울은 자신이 만든 기준이 아니라 하나님 앞에서 합당하게 여김을 받고 칭찬받는 것이 중요하다고 교훈하였다.

사역에서 가장 위험한 것이 내 것을 만들어 사유화하는 것이다. 바울은 고린도교회를 자신의 것으로 여기며 지키지 않았다. 하나님이 자신에게 맡겨 주신 분량이기에 지키고자 했다. 반면 고린도에 들어온 대적자들은 자신들을 자랑하며 하나님이 맡기지 않은 것까지 자신의 것으로 여기며 사유화하려고 했다.

성도의 순결함을 지키기 위해 자랑했다

둘째, 바울은 거짓된 일꾼들의 기회를 끊어 버리기 위해서 자랑하였다.

> 만일 누가 가서 우리가 전파하지 아니한 다른 예수를 전파하거나 혹은 너희가 받지 아니한 다른 영을 받게 하거나 혹은 너희가 받지 아니한 다른 복음을 받게 할 때에는 너희가 잘 용납하는구나 나는 지극히 크다는 사도들보다 부족한 것이 조금도 없는 줄로 생각하노라 11:4-5

바울은 고린도교회 교인들이 다른 예수를 전하고, 다른 영을 받게 하고, 다른 복음을 전하는 이들을 용납하고 있는 모습을 보면서 "너희가 잘 용납하는구나"라고 말한다. 칭찬이 아니라 반어적인 책망이다. 절대로 용납해서는 안 되는데 용납하고 있다는 것이다. 그뿐만 아니라 5절에서 "지극히 크다는 사도들"이란 예루살렘교회의 베드로 같은 위대한 사도를 말하는 것이 아니라 스스로 위대하다고 자랑하는 거짓된 사람들을 냉소적으로 지적하는 반어법이다. 바울은 자신이 스스로 위대한 척하는 그들보다 조금도 못한 사람이 아니라고 변호한다. 그들은 잘도 용납하면서 도리어 그들의 말만 믿고 바울을 대적하는 고린도 교인들의 모습을 보면서 안타까워하는 것이다.

내가 하나님의 열심으로 너희를 위하여 열심을 내노니 내가 너희를 정결한 처녀로 한 남편인 그리스도께 드리려고 중매함이로다 그러나 나는 뱀이 그 간계로 하와를 미혹한 것 같이 너희 마음이 그리스도를 향하는 진실함과 깨끗함에서 떠나 부패할까 두려워하노라 11:2-3

바울은 고린도 교인들을 그리스도께 중매하여 약혼시켰으나 신랑에 대한 순결함을 잃어버리게 될까 두려워하고 있다. 뱀이 하와를 유혹하여 순결함을 버리게 한 것처럼 거짓된 이들이 그런 일을 하고 있음을 보고 열심을 내고 있는 것이다.

그리스도의 진리가 내 속에 있으니 아가야 지방에서 나의 이 자랑이 막히지 아니하리라 어떠한 까닭이냐 내가 너희를 사랑하지 아

니함이냐 하나님이 아시느니라 나는 내가 해 온 그대로 앞으로도 하리니 기회를 찾는 자들이 그 자랑하는 일로 우리와 같이 인정 받으려는 그 기회를 끊으려 함이라 11:10-12

바울의 자랑은 중지되지 않을 것을 선언한다. 하나님의 열심으로 그들을 순결하게 지키기 위해 열심을 내는 것이다. 자신의 딸을 순결한 딸로 지키기 원하는 아비의 심정으로 열심을 내는 것이다.

사탄은 빛의 천사로 가장하여 의의 일꾼인 것처럼 나타난다. 그들은 바울의 언변이 뛰어나지 않은 것을 들어 그를 변변치 못한 사람으로 취급하였다. 복음을 값없이 전하려고 자비량으로 사역한 것마저 실력이 없어 무능한 것으로 비판하였다. 고귀한 사역을 거짓으로 무너뜨리려는 기회를 끊어버리기 위해 바울은 주 안에서 자랑하였다.

바울은 십자가만 자랑했다

셋째, 바울은 자신의 연약함을 자랑하였다. 대적자들이 자신들의 위대함과 탁월함을 자랑하였던 반면에 바울은 고난 속에서의 연약함을 자랑하였다. 이것이 주 안에서 자랑한 결정적인 증거다.

바울은 자신이 얼마나 여러 번 죽을 고비를 겪었는지, 얼마나 많은 위험을 겪었는지를 들어 자신의 연약함을 자랑한다. 32-33절에 보면 다메섹에서 아레다 왕의 관리가 체포하려고 할 때 창문으로 광주리를 타고 성벽을 내려가 손에서 벗어났다고 했다. 쉽게 말하면 도망하였다는 것이다. 이는 어쩌면 매우 수치스러운 모습이다. 창문으로 광주리를 타고 탈출한 이야기를 하면 얼마나 우습게 보일까 생각할 수 있다. 그러나 바울은 자신의 연약함을 그대로 자랑한다.

외적인 연약함만이 아니라 모든 교회를 위해 염려하는 연약함도 자랑한다.

이 외의 일은 고사하고 아직도 날마다 내 속에 눌리는 일이 있으니 곧 모든 교회를 위하여 염려하는 것이라 11:28

바울은 날마다 억누름 속에 있다고 하였다. 모든 교회를 위한 염려에 눌려 있다는 것이다. 물론 고린도교회가 그 염려의 많은 부분을 제공하였다. 바울은 나는 아무 염려하지 않는다고 자랑하지 않고, 모든 교회를 위한 염려에 눌려 있다고 자랑한다.

바울이 이렇게 자신의 연약함을 자랑한 것은 진짜 자랑하고 싶었던 것이 있었기 때문이다. 그것은 바로 그리스도의 십자가였다. 그가 자랑하고 싶은 것은 이 십자가뿐이었다.

그러나 내게는 우리 주 예수 그리스도의 십자가 외에 결코 자랑할 것이 없으니 그리스도로 말미암아 세상이 나를 대하여 십자가에 못 박히고 내가 또한 세상을 대하여 그러하니라 갈 6:14

바울은 그리스도의 십자가만을 자랑하기 위해 자신의 연약함을 자랑했다. 그리스도의 십자가로 세상에 대하여 못 박혔기에 세상에서 겪은 자신의 연약함을 드러내는 것에 조금도 부끄러워하지 않았다.

무엇을 자랑하며 사는가는 그 사람의 신앙을 결정짓는

것이다. 그 사람의 자랑은 곧 그 사람의 신앙이요 인격이다. 자신이 어리석은 줄 알아야 하나님의 지혜를 받고, 자신이 약한 줄 알아야 하나님의 능력을 받고, 자신이 천한 줄 알아야 하나님의 높여 주심을 받고, 자신이 아무것도 아닌 줄 알아야 하나님이 모든 것이 된다. 자신의 무가치함을 통해 주님의 위대하심만을 드러내기 원하여 자신이 어리석어 보이게 되는 일도 두려워하지 않는다.

바울은 그리스도의 십자가만을 주 안에서 자랑하기 원했다. 하나님이 정해 주신 분량 안에서 복음을 전파하기 원하여 자랑하였다. 거짓된 이들이 교회를 무너뜨리는 것을 막으려고 자랑하였다. 자신의 강함이 아니라 연약함을 자랑하였다. 주 안에서 자랑하는 자는 예수님과 예수 그리스도의 복음만을 자랑한다.

어떤 고통도 주님의 은혜보다 크지 않다

고린도후서 12:1-10

기독교 월간지 〈빛과소금〉에서 희귀질환을 앓고 있는 분들의 신앙고백을 다루었다. 그들이 앓고 있는 질병 중 대부분은 매우 생소한 이름들이었다. 눈물이 잘 안 나와서 눈에 염증이 생기고, 침이 잘 안 나와서 밥 먹을 때나 말할 때도 물을 마셔야 하는 쇼그렌 증후군, 시야가 좁아지면서 실명하게 되는 어셔 증후군, 피부와 점막에 발진과 수포가 생기면서 전신의 피부가 벗겨져 옷이나 이불을 덮고 있어도 살점이 달라붙어 떨어지는 스티븐 존슨 증후군 등, 이런 질환은 일상 생활 자체를 고통스럽게 만드는 것으로, '육체의 가시'라고 말할 수 있다.

그런데 그들의 공통점은 이 육체의 가시를 통해 주님을 깊이 만나게 되었으며, 하나님의 은혜에 감사하는 고백을 한다는 것이다. 조현병을 앓고 있는 어느 성도는 하나님이 자신에게 주신 가장 큰 축복이 조현병이라고 고백하였다. 이 조현병이라는 가시를 통해 하나님께 매달릴 수 있었고, 새벽마다 엎드려 기도할 수 있었다는 것이다. 그는 이 가시가 자신이 교만에 빠지지 않게 해주는 안전장치와도 같았다고 고백하였다.

바울은 강함보다
약함을 자랑했다

바울도 당시 의학 기준으로 희귀 질환을 앓고 있던 사람이다. 바울은 그것을 육체의 가시라고 불렀다. 그 질병이 어떤 것이었는지는 분명하지 않다. 해석이 수십 가지가 넘으니 그런 일은 학자들에게 맡기고, 우리는 바울이 그 육체의 가시를 어떻게 다루고 그것을 통해 어떻게 하나님께 나아갔는지에 집중하자.

바울은 자신에게 육체의 가시가 존재한 것은 자신이 받은 계시가 지극히 큰 것으로 인해 교만하지 않게 하시려고 하나님이 허락하신 것이라고 해석하였다.

> **여러 계시를 받은 것이 지극히 크므로 너무 자만하지 않게 하시려고 내 육체에 가시 곧 사탄의 사자를 주셨으니 이는 나를 쳐서 너무 자만하지 않게 하려 하심이라** 12:7

바울은 '지극히 큰 계시'와 더불어 '지극히 아픈 가시'를 함께 받았다. 그중 바울이 받은 지극히 큰 계시란 무엇인가? 바울은 셋째 하늘에 이끌려 올라간 체험이 있었다. 그것은 지극히 큰 계시로 이러한 체험 하나만으로도 다른 사도들보다 더 큰 영향력과 권위를 가질 수 있었다.

바울은 2절에서 "내가 그리스도 안에 있는 한 사람을 아노니"라고 하면서 3인칭으로 누군가를 소개한다. 그러나 거의 모든 주석가들은 바울이 자기 자신을 에둘러 표현하고 있다고 해석한다. 그는 하나님의 보좌가 있는 셋째 하늘에 이끌려 올라간 놀라운 체험을 14년 만에 고백한다. 바울은 당시 자신이 몸 안에 있었는지 몸과 분리돼 있었는지 알지 못하였다.

그런데 바울은 이런 큰 계시와 더불어 아픈 가시를 함께 받았다. 만일 바울에게 지극히 큰 계시만 있고 지극히 아픈 가시가 없었다면 그는 매우 교만해졌을 것이다. 반대로 그에게 지극히 아픈 가시만 있고 지극히 큰 계시가 없었다면 그는 깊은 절망에 빠졌을 것이다.

만일 지극히 큰 계시와 지극히 아픈 가시 둘 중 하나만을 선택하라고 한다면 어떤 것을 택하겠는가? 지극히 큰 계시는 의기양양해져 평생 많은 사람에게 간증하며 사역할 수 있는 자원이 될 것이지만, 지극히 아픈 가시는 평생 따라다니며 일상생활 자체까지 위협할 수 있을 것이다.

바울은 두 가지 모두 받았지만 그중 지극히 아픈 가시를 선택하였다. 바울은 두 가지를 설명하며 자신의 강함보다 '약한 것'들을 자랑하겠다고 하였다. 이는 둘 중 약함을 택하겠다는 말이다.

내가 이런 사람을 위하여 자랑하겠으나 나를 위하여는 약한 것들 외에 자랑하지 아니하리라 12:5

바울은 결코 하고 싶지 않은 자랑을 해야 했다. 자기 자랑으로 성도들을 현혹하여 바울을 대적하게 만드는 사람들이 있었기 때문이다. 그들은 바울을 대적하며 자신들이 마치 엄청난 영적 체험이 있는 신령한 사람들인 것처럼 포장하며 고린도 교인들을 거짓된 길로 이끌었다. 자신들만 예루살렘 사도들로부터 인정받는 사람들인 것처럼 추천서 한 장으로 자신을 과대 포장하였다. 그러면서 그들은 이방인의 사도로 아시아와 유럽 대륙을 뛰어다니며 성령의 이끄심을 따라 사역했던 바울을 도저히 믿을 수 없는 사람으로 매도하였다.

그래서 바울은 어리석어 보이는 일임에도 불가피하게 자랑을 해야 했다. 그는 자신이 받은 지극히 큰 계시를 통해 자신을 자랑하는 것보다는, 자신이 받은 지극히 아픈 가시를 통해 자신을 자랑했다. 그는 셋째 하늘을 본 놀라운 계시 체험으로 자신을 자랑하지 않았다. 그는 셋째 하늘을 체험한 사실을 14년만에 털어놓고 있다. 만일 그가 이러한 체험을 자랑하려고 했다면 지난 14년동안 기회가 수없이 많았을 것이다. 그러나 그는 자신의 체험을 복음을 전하는 도구로도 사용하지 않았고 도리어 복음을 전하며 받는 고난을 이기는 힘으로 삼았다. 너무나 분명한 셋째 하늘을 미리 보았기에 그는 그곳을 바라보며 복음을 전하면서 받는 모든 고난을 이겨 낸 것이다.

바울이 이러한 체험을 14년 만에 말한 것은 어쩔 수 없어서다. 작은 체험이라도 그것을 내세워 스스로 높이고 있는 거짓 일꾼들이 정말 두려워할 수 있는 체험을 말해 주는 것이다. 그들의 교만한 코가 납작해지고 그들의 과장된 체험이 원래 위치로 되돌아가게 하려면 불가피한 것이었다.

그런데 그보다 더 중요한 이유는 자신이 정말 자랑하고 싶은 '육체의 가시'가 왜 주어졌는지를 설명하기 위해서 말하고 있는 것이다. 지극히 큰 계시의 체험은 우리 자아를 쉽게 부풀려 교만하게 한다. 사탄은 이러한 순간을 놓치지 않고 틈탄다. 바울은 육체의 가시가 고통 속에서 부풀어 오른 교만의 풍선을 터뜨리고 주님의 은혜 안에 머물게 하였다고 고백한다. 그래서 바울은 셋째 하늘을 경험한 체험을 넘어서 자신을 고통스럽게 하고 있는 육체의 가시를 더욱 자랑하였다.

약함을 통해 주님의 능력이 나타나는 것이 은혜다

고통 그 자체는 환영하고 싶지 않고 아무도 받고 싶어하지 않고 아무도 자랑하고 싶지 않은 선물이다. 고통은 꼭 희귀질환을 겪어야 느끼는 것은 아니다. 때로는 황당할 정도로 사소한 것도 고통이 될 수 있다.

남편을 죽인 인디언들에게 다시 들어가 16년 사역한 선교사 엘리자베스 엘리엇(Elisabeth Elliot)은 고통을 이렇게 정의하였다.

"고통은 원치 않는 것을 갖거나, 원하는 것을 갖지 못하는 것이다."

고통을 이렇게 정의한 이유는 사람들이 겪는 모든 종류의 고통을 다 포함하기 위해서이다. 이렇게 모든 고통을 다 포함시키려고 한 것은 어떠한 고통이든지 그 고통을 통해 우리는 약함에 처하게 되고, 그 약함 속에서 주님의 능력을 체험하는 은혜를 누려야 하기 때문이다. 그래서 엘리자베스 엘리엇은 '고통은 결코 헛되지 않다'고 고백한다. 자신의 인생에서 가장 큰 교훈은 모두 가장 큰 고통에서 얻은 것이라고 고백하였다.

저널리스트 말콤 머거리지(Malcolm muggeridge)는 이런 말을 했다.

"고통을 모두 없앤다고 해 보라. 그런 세상은 정말 무시무시한 곳일 것이다. 자만과 교만에 빠지기 쉬운 인간 성향을 바로잡을 모든 것이 사라졌으니까 말이다. 인간은 지금도 충분히 나쁜데 고통을 겪지 않으면 도저히 못 참아 줄 정도로 나빠질 것이다."

바울이 자신의 약함을 자랑한 이유는 자신이 이러한 육체의 가시가 떠나도록 주님께 세 번 간구하였을 때 주님께서 주신 말씀 때문이다.

> **나에게 이르시기를 내 은혜가 네게 족하도다 이는 내 능력이 약한 데서 온전하여짐이라 하신지라 그러므로 도리어 크게 기뻐함으로 나의 여러 약한 것들에 대하여 자랑하리니 이는 그리스도의 능력이 내게 머물게 하려 함이라 그러므로 내가 그리스도를 위하여 약한 것들과 능욕과 궁핍과 박해와 곤고를 기뻐하노니 이는 내가 약한 그 때에 강함이라** 12:9-10

바울은 부활하신 예수님이 자신의 기도에 대한 응답으

로 주신 말씀을 생생히 기억하였다. 그 말씀을 아멘으로 받아들이며 예수님의 능력이 자신의 약함을 통해 나타나기 때문에 주님의 은혜가 내게 족하다고 고백하였다.

바울이 한두 번 간구하였을 때 기적적으로 치유받았다면 그는 사람들에게 주목받을 뿐 아니라 사도로서도 그 권위를 인정받았을 것이다. 그러나 육체의 가시를 고침받지 못하고 약함 속에 거하게 되었을 때 바울은 도리어 자신이 지극히 큰 계시를 받은 것보다 더 크신 하나님의 능력을 체험하고 하나님의 은혜가 내게 족하다고 고백하게 되었다.

많은 기적이 나타나면 하나님의 은혜가 족하다고 고백하게 될 것 같은가? 아마 더 많은 기적, 더 큰 기적을 원하고 바랄 것이다. 하나님의 은혜가 족하다는 고백은 도리어 자신의 약함 속에서 그리스도의 능력을 체험할 때이다. 주님의 은혜는 약함을 통해 주님의 능력을 나타내시는 은혜이다.

모세는 세상적으로는 강점이라고 생각하는 것이 하나님 앞에서는 약점이 될 수 있다는 것을 보여 준 사람이다. 모세가 부르심을 받아 지도자가 된 것은 그가 애굽의 왕궁에서 자라났다는 강점이 있는 사람이었기 때문이 아니다. 그 강점으로 그는 살인을 저질렀고 40년동안 광야생활을 해야 했다. 하나님은 그가 의지할 수 있는 교만을 미디안 광야에서 다 씻겨 내시고 스스로 아무것도 할 수 없다고 여기고 광야에서 양을 치고 있을 때에 그를 지도자로 사용하셨다.

반면에 아브라함은 세상적으로는 치명적인 약함을 가졌으나 그 약함 때문에 도리어 하나님의 능력을 체험한 사람이다. 아브라함이 믿음의 조상으로 부르심을 받았던 이유는 그의 아내 사라가 아이를 낳지 못하는 약점이 있었기 때문이다. 하나님은 아이를 낳을 수 없는 가정을 선택하셔서 연약함이 하나님의 능력을 보여 주는 통로가 되게 하셨다.

바울을 겸손하게 하고 하나님의 은혜가 얼마가 풍성한지를 체험하게 한 것은 그가 받은 놀라운 계시가 아니라 연약함, 즉 육체의 가시였다. 바울은 주의 은혜가 자신에게 족한 것은 자신이 약할 그때에 그리스도의 능력이 머물기 때문이라고 고백한다. 여기서 그리스도의 능력이란 기적을 일으키는 능력을 말하는 것이 아니다. 십자가의 약함 속에서 자신을 내려놓는 능력이다.

예수님의 강함은 그분이 행하신 기적에서보다 그분이 고통을 받아들이신 십자가의 약함 속에서 더 분명하게 나타

난다. 사람들이 예수님의 기적을 보고 자신들의 왕이 되어 달라고 할 때 예수님은 물러나셨다. 강자가 되어 달라고 했을 때는 피하고 거절하셨다. 그리고 십자가에서 연약한 모습으로 죽으셨다. 그러나 그 십자가의 연약함이 하나님의 능력의 통로가 되었다. 이처럼 예수님은 모든 죄인의 죄를 대속하시기 위해 연약함에 처하심으로 하나님의 능력이 나타나게 된 것이다.

주님의 은혜는 어떤 고통 속에서도 충분하다

바울에게 말씀하신 예수님은 지금도 살아 계셔서 우리에게 말씀하신다.

"내 은혜가 네게 족하다. 왜냐하면 내 능력이 약한 데서 온전해지기 때문이다."

하나님이 우리가 피하고 싶은 고통을 제거해 주지 않으시더라도 그 고통을 통해 베풀어 주시는 풍족한 은혜를 깨닫는다면 우리는 그 육체의 가시가 무엇이든지 하나님을 찬양하고 감사할 수 있다.

주님의 은혜는 어떤 고통 속에서도 우리에게 충분하다. 과거와 미래의 은혜를 믿기는 쉽다. 그러나 현재의 고통 가운데에서 주님의 은혜를 믿기는 어렵다. 현재 겪고 있는 고통에 대하여 주님의 은혜를 신뢰하는 것이 믿음이다. 고통을 겪고 있는 바로 지금, 주님의 은혜가 충분하다는 것을 믿어야 한다. 은혜가 부족하다고 여기면 고통은 더 크게 보이고 우리를 압도해 버린다.

고통은 결코 주님의 은혜보다 더 크지 않다. 고통이 날로 새로워진다면 주님의 은혜는 더욱 새로워진다. 고통이 견딜 수 없이 무겁다면 주님의 은혜는 더욱 무겁다. 고통이 도무지 이해가 되지 않는다면 주님의 은혜는 도무지 알 수 없다. 이것이 신비다.

주님의 은혜는 어떤 고통 속에서도 충분하다. 고통 속에서 우리의 연약함을 주님의 은혜 앞에 내려놓을 때 예수님으로부터 무엇과도 비교할 수 없는 힘을 얻게 된다. 세상적인 힘은 다른 사람을 연약하게 만들고 자신을 강하게 만든다. 그러나 주님이 주시는 능력은 우리의 약함을 통해 주변의 모든 사람을 강하게 만드는 힘이다.

약함을 자랑한다는 것은 무엇인가? 첫째, 약함을 통해

일하시는 하나님의 은혜를 발견하고 약함 가운데 처하게 됨을 감사하는 것이다. 둘째, 자신의 약한 것들에 대해 크게 기뻐하는 것이다. 기쁨이란 고통의 부재가 아니라 고통 속에서 하나님의 임재를 체험하는 것이다.

오스왈드 챔버스(Oswald Chambers)는 이렇게 말한다.

"우리에게 있는 모든 자기 의존적인 요소는 하나님의 능력으로 사형선고를 받아야 한다. 우리가 전적으로 약하다는 것과 하나님께 의지할 수밖에 없다는 것을 인정하는 순간이야말로 바로 성령님이 능력을 발휘하실 순간이기 때문이다."

선교 역사에서 영국의 선교사 패트릭(Patrick)을 빼놓을 수 없다. 패트릭이 평생 신실한 선교사로 하나님께 헌신하게 된 계기는 그가 16세 때 아일랜드 해적에게 납치되어 6년 동안 경험했던 노예 생활이었다. 그는 고통스러운 생활을 하면서 밤낮으로 수백 번의 기도를 드렸다. 어느 날 그는 꿈속에서 음성을 들었다.

"잘 견뎌 낸 너는 고향으로 돌아가게 될 것이다. 보라 너의 배가 준비되었다."

후에 노예 생활에서 탈출에 성공한 패트릭은 영국에 도

착하여 수도사가 되었고, 후에 아일랜드로 파송되었다. 그는 노예 생활이라는 고통을 통해 그리스도의 능력을 경험하게 된 것이다.

우리에게 있는 연약함은 그것이 어떤 종류든지 그리스도의 능력을 체험하는 통로다. 그래서 주의 은혜는 우리에게 족하다.